개같은 날들의 기록

김신용 시집

시인동네 시인선 031　　　　　　　김신용 시집

개같은 날들의 기록

시인동네

시인의 말

이 시집을 처음 출간할 때, 시인의 말을 쓰지 않았다.
도무지 무슨 말을 해야 할지 가슴만 답답하고 막막했기 때문이었다.
"이미 시에 할 말이 다 들어 있는데 무슨 말을 더 해야 한단 말인가" 그때는 아마 이런 생각도 한 듯하다.
그래서 이 시집에는 〈시인의 말〉이 없다.
이 침묵이, 빈 공간이, 〈시인의 말〉인 것처럼.
어떤 말도 사족인 것처럼.

이 사족에, 사족 한마디를 덧붙인다.
"이 '개같은 날들의 기록'이 현재진행형이 아니기를……"

김신용

개같은 날들의 기록

시인의 말

차례　　**제1부**

냉동공장 · 12
오늘도 꿈은 허공을 집 짓고 · 14
콘크리트 가슴 밑으로 청계천은 흐르고 · 16
저 기계의 눈에 골목은 깊고 어두워 · 18
길 · 20
어두운 기억의 거리 1 · 22
공중변소 속에서 · 24
풀밭에서 · 26
지푸라기 한 올에 목을…… · 28
부록, 강시야화(夜話) · 31
암의 집 · 34
순환회로 · 36
철거 이후 · 38
그들은 더 이상 여기 살지 않는다 1 · 40
비가(悲歌) · 42
소 · 44
기억 속의 들꽃 · 46
어떤 공친 날 · 48
그 빈집털이 누군지 모릅니꺼? · 50

제2부

꽃의 자갈치 · 54

하이에나의 숲 · 56

그 겨울의 빈대 · 58

수건 색소폰 · 60

염낭거미 1 · 62

어두운 기억의 집 1 · 64

그들은 더 이상 여기 살지 않는다 2 · 66

독(毒) · 69

밧줄타기 아니 밥줄타기 · 70

보관소가 있는 밤, 풍경 · 72

나는 에델바이스를 본 적이 있다 · 74

잡풀을 뽑으며 · 76

용(龍) · 78

바이킹이라는 녀석 · 80

그림. 어디서 본 듯한, 그러나 본 적이 없는…… · 83

어떤 사냥개에 대한 기억 · 86

미꾸라지의 꿈 · 88

제3부

해질 무렵 · 92

우화 · 94

부록, 로트레아몽에 의한 변주 · 97

감방에서의 사색 · 98

에이즈를 위하여 · 100

재생원(再生院)에서 · 102

황사바람 · 104

빈민일기 1 · 106

지게가 바라본 지게꾼에 대하여 · 108

르포 · 저녁 이야기 · 110

매미 울음 · 112

어처구니없는 꿈의 기록 · 114

벽돌을 쌓으며 · 116

꼬꼬댁 섬섬옥수 · 118

개같은 날 1 · 120

지게에 대한 명상 · 122

개같은 날 2 · 124

저녁길 · 126
뭐? 추락하는 것은 날개가 있다고? · 128
불알 두 쪽 · 130
그늘의 그늘 · 132
다시, 주점(酒店)에서 · 134
어두운 기억의 집 2 · 137
별, 그 모스부호로 자장가를…… · 140
그들은 더 이상 여기 살지 않는다 3 · 142

해설 허기의 밥풀로 그린 사실화
    정효구(문학평론가) · 144

제1부

냉동공장

이 얼음 나라에는 얼음의 물고기가 산다
얼음이 되어야 살아남는 얼음의 물고기가 산다
한여름에도 눈을 얼어붙게 하는 혹한의 나라
땡볕 속에서도 귀를 먹게 하는 빙하가 흐른다
살아 있는 것은 얼음이 되어야 살아남는다
얼지 않으려고 살아 펄떡펄떡 뛰는 것은 죽는다
핏줄도 심장도 오장육부까지도 얼음이 되어야 살아남는
여기는 불 속의 얼음 나라
질긴 근육과 끓는 뼈는 잠재우고
동태가 되어, 동태눈깔로 숨을 쉬며
미라가 되어야 살아남는다.
얼음을 만드는 법에 대한 분노도
얼음에 대한 증오의 유전공학도 알면 죽는다
투명한 얼음의 관
그 망각의 미학 속에 투신해야 꽃으로 핀다
세끼 밥, 등 따뜻한 아랫목을 차지하기 위해
색맹이 되어야 씨 영근다
바깥에는 지금 불볕이 내리퍼부어지고 있어도

여기는 태풍의 핵 속, 고요한 안식의 나라
이 얼음 나라에는 얼음의 물고기가 산다
얼음이 되어야 살아남는 얼음의 물고기가 산다

일상의 적당한 배부름의 아가리 속에 눕기 위해
개기름 흐르는 쾌락과 탐욕의 이빨 속에 눕기 위해

오늘도 꿈은 허공을 집 짓고

풍선을 불고 있네
아이들이 온몸을 부풀리며
콘돔을 불고 있네
얘들아, 여기는 식민지의 땅이 아니란다
정복자의 아이들이 풍선 불어 하늘에 띄우던 우리 어미의
자궁,
이 나라의 뱃속에서 사무라이의 칼날이 도려내간
그 아기집이 아니란다
가진 것은 몸뚱이 하나밖에 없어, 그 어진 짐승 같은
몸뚱이 하나밖에 없어, 치부(恥部)를 열어
삶의
뜨거운 숨결 쏟아넣던 부끄러움이란다
그러나 아이들은 풍선을 불고 있네
그 속의 부도덕의 성기가 담겼던 것이든
가난의 깊고 어두운 질(膣)이 담겼던 것이든
온몸 뜨거운 입김 부풀리며 아이는 그저
풍선을 불고 있네
오월 하늘 꿈의 집을 짓고 있네

대낮에도 등을 켜야 하는 양동 뒷골목에서

실 끊어져 떠오르는 내 목은 오늘도 허공을 집 짓고……

콘크리트 가슴 밑으로 청계천은 흐르고

느닷없이 구둣발과 망치의 바람이 몰려왔다.
그 청명한 날, 아침
청계천은 삽시간에 적막 속으로 침몰되어갔다.
노점과 리어카와 지게꾼이 강제 철거된 거리,
깨끗했다.

내 굶어 죽고 나면, 가만두지 않겠다고
몸부림으로 버티려던 지게꾼의 지게는 박살나고
잠자리며 밥그릇인 리어카는 청소차에 실려 사라졌다. 콘크
리트 복개의 가슴 밑으로
청계천 물 흐르는 소리, 청아하게 들렸다.

뒷골목으로 쫓겨 흐르는 내 혈관 속에서도
썩은 물 흐르는 소리, 들렸다.
그 물소리 손잡고 내 지게, 척추를 뽑아 맡기려
보관소를 향해 가고 있었다. 부서지는 몸짓으로

구청 직원들이 가로수의 먼지 낀 나뭇잎을 세수시키고 있었다.

거리의 간판들도 때묻은 얼굴을 닦이고
건물들은 갑자기 새 도색의 옷을 입고 어리둥절 햇살 눈부셔
했다.

대체 그들의 가난과 남루가 무슨 죄 지었던가,
하수구로 굴러 들어가다 멈춘 사과 한 알
얼굴이 발갛게 상기되어 있었다.

적십자회담 북의 대표, 미국 대통령이 지나가는 날.

저 기계의 눈에 골목은 깊고 어두워

옴꽃이 피어
고름 뚝뚝 떨구는 두 손을 내밀었지
텔레비전 카메라 앞으로, 마치 구걸을 하듯
골목은 깊고 어두웠지만, 저 기계의 눈에
비참의 사타구니까지 보여주고 싶었어
눈부신 조명 불빛 아래
전락(轉落)의 고향까지 밝혀
더 이상 나락일 수 없는 세상, 저 앵글의
허어연 백태가 낀 눈에 인각시키고 싶었어
이 도시의 신경, 보이지 않는 무선을 타고
꺼진 브라운관의 가슴들 속에 눈물을 켜고 싶었어
콘크리트의 살갗에 옴꽃으로 피어 있는 이들
아무리 고름 흘려도
피고름을 흘려도, 간지럽다고
얼굴 한번 찡그리지 않는 서울, 이 시멘트빛
겨울밤을 지새우기 위해, 남대문 국민학교 돌담 밑
쓰레기 하치장에는 모닥불이 타오르고
진눈깨비 가슴 짓무르뜨리고 있는 이 밤

우리 추락의 내력을 캐내어, 저 모닥불 같은
내일을 마련해주기 위해 찾아왔다고, 드르륵
카메라가 뜨겁게 심장 뛰는 소리를 들려줄 때
저 앵글의 눈물 그렁한 눈빛이 시키는 대로 나는
고름 젖은 손을 더욱 뜨겁게 피워 올렸지

그러나 내 노크 소리, 누구의 가슴을 무너뜨렸는지
느닷없이 포충망이 덮쳐왔어, 후리가리의
경적을 울리며, 여전히 진눈깨비 폐부 짓무르뜨리고 있는
다음날 밤, 부랑자 단속차 속에 구겨박혀
강제노역의 갱생원으로 끌려가는
골목은 깊고 어두웠어

길

언제 해산할지 모르는 임부(姙婦)를 두고, 저녁 땟거리가 없어 가불도 못한 영세 가내공원(工員), 외상 홧술에 비틀거리던 밤길
불심검문에 붙들려, 이름을 묻는 경찰 나으리에게 모가요!
모가? 무슨 모가야? 씨팔, 모택동이 모가요, 너 모택동이 좋아하는구나?
그래, 모택동이 존경하요. 와! 유감 있소? 소리쳤다가
적국 원수 찬양죄로 철창을 움켜쥐고, 산독이 올라 퉁퉁 부은 만삭의 아내 걱정에 제 가슴만 짓찧던 친구야

십 년 강제노역의 작업 상여금으로, 자그만 과일 리어카를 끌고
청계천에 나섰다가, 단속반의 발길질에 제 삶마저 끌어 엎고
끝내 칼을 들고 미쳐 날뛰던 친구야

친구야, 대광주리 울러메고 악다구니의 혓바닥 같은 집게를 달각이며
아무리 이 골목 저 쓰레기통을 기웃거려도, 이 도시의 가슴 밑바닥까지 뒤져도

맨발 감출 헌 고무신짝 하나 못 건져, 대광주리에 제 생애마저 쑤셔 담아 몽땅
　쓰레기통에 처박아버리던, 담을 뛰어넘다 넋의 다리가 부러졌던
　친구야

　길은 보이지 않는다. 철문이 열렸는데도
없는 길, 그러나 기어코 가야 할. 지금, 우리 어디로 가지?
　공사판을 향해 가잖아, 시멘트 바닥에 스티로폼을 깔고, 추위의 가시를 막아주는 곳
　창자가 터져나온 누비이불 속, 땀내와 고린내로 절여진 육신들, 모닥불 타오를 수 있는 곳
　그래, 모닥불 타오를 수 있는 곳

　함바를 찾아서…….

어두운 기억의 거리 1
— 초량 · 텍사스

씹다 뱉어버린 껌처럼 퇴락해 있네
내 어릴 적
미지의 세계에 대한 만화경을 열어주던 곳
선체(船體)를 닮은 뉴욕빠의 건물, 이방인의 물결 따라
빨간 입술의 핫팬티로 변한 댕기머리의 몸매들
째즈의 무곡에 몸 비틀고 있던 거리
두 손에 개골창 흙을 바르고 할로기부미를 주문처럼 외우며
악동들, 호기심의 네온 번뜩이는 순례의 초량 · 텍사스
더러운 손을 내밀 때마다 왜 누나들은 양코배기 검둥이의
품속에 달라붙어 우리를 외면하게 하는지 알 수 없었지
그 삐딱구두가 미워 돌을 던지다가 쫓겨 오른 초량 뒷산
멀리 중앙부두에는 L.S.T가 그 큰 입을 벌리고 있었지
이 땅을 삼킬 듯, 삘기를 뽑아먹다가 쫀대흙을 파먹다가
번쩍이는 음악과 눈이 어지러운 기성이 꽃피는 곳
온몸 사르르 녹는 캔디가 그리워 다시 찾아드는 초량 · 텍사스
할로츄잉껌 타령으로 누나의 옷에 개골창흙 황칠하던 날
기어이 울음을 터뜨리며 누나는 소리쳤지, 이 거지새끼야!
츄잉껌은 우리를 빨아먹는 혓바닥이고

초콜릿은 저놈들 좆대가리란 말야!
놀라, 악동들은 도망쳤지, 선체를 닮은 빠가 있는 거리에서
미시시피 스윙 밴드의 꿈의 물결 출렁이는 동네에서
오늘도 미지의 세계, 황홀한 만화경이 생각나는 날
그 울부짖음 내 뺨을 치고 있네
내 목덜미를 움켜쥐고 있네

마침내 쓰다버린 콘돔처럼 구겨져 있는 이곳.

공중변소 속에서
―개같은 날의 연가

공중변소 속에서 만났지. 그녀
구겨버린 휴지조각으로 쪼그려 앉아 떨고 있었어.
가는 눈발 들릴 듯 말 듯 흐느낌 흩날리는 겨울밤
무작정 고향 떠나온 소녀는 아니었네.
통금시간을 지나온 바람은 가슴속 경적 소리로 파고들고
나 또한 고향에서 고향을 잃어버린 미아,
배고픔의 손에 휴지처럼 구겨져, 역 앞
그 작은 네모꼴 공간 속에 웅크려 있었지.
사방 벽으로 차단된 변소 속,
이 잿빛 풍경이 내 고향
내 밀폐된 가슴속에 그 눈발 흩날려와, 어지러워
그 흐느낌 찾아갔네.
그녀는 왜 마약중독자가 되었는지 알 수 없었어도
새벽털이를 위해 숨어 있는 게 분명했어. 난 눈 부릅떴지.
그리고 등불을 켜듯, 그녀의 몸에
내 몸을 심었네. 사방 막힌 벽에 기대서서, 추위 때문일까
살은 콘크리트처럼 굳어 있었지만
솜털 한 오라기 철조망처럼 아팠지만

내 뻥 뚫린 가슴에 얼굴을 묻은 그녀의 머리 위
작은 창에는, 거미줄에 죽은 날벌레가 흔들리고 있었어. 그 밤.
내 몸에서 풍기던, 그녀의 몸에서 피어나던 악취는
그 밀폐의 공간 속에 고인 악취는 얼마나 포근했던지
지금도 지워지지 않고 있네. 마약처럼
하얀 백색가루로 녹아서 내 핏줄 속으로 사라져간
그녀,
독한 시멘트 바람에 중독된 그녀.

지금도 내 돌아가야 할 고향, 그 악취 꽃핀 곳
그녀의 품속밖에 없네.

풀밭에서

스스로 허리 꺾어 의자가 된다
제 뼈를 엮어 흔들의자가 된다
흔들릴 때마다 그 신음, 삐걱이는 소리
바람이 불 때마다 그 뼈아픔을, 초록으로
온몸 물들이며, 뿌리는 쉬임없이
삽질을 한다
서로의 맨몸 디딤목으로 얽고, 쇠발판 놓고
가슴에는 모래 자갈 소복 담아, 그 구멍 뻥뻥 뚫린
길을 오른다. 꼽추처럼
등의 질통,
그 혹 속에 담긴 사막, 무너뜨려
건설한다. 햇빛 포근한 마을을
이슬처럼, 온몸 등짐으로 떠올린 이 작은 세계를
더욱 튼튼히 기둥 내리기 위해
기하학적으로 엮어지는 저 땀들의 구도(構圖),
하찮은 먼지의 의미라도 온생애로 껴안고
이름없는 풀꽃 한 송이 피워내는 저 노동.
의자에서 엉덩이를 털며 일어나는 사람

어? 풀물 들었네! 한다
그것이 핏물인지도 모르고ㅡ.

지푸라기 한 올에 목을……

화살이
빗나갈 때마다 부르르 고슴도치처럼 떨곤 했다.
비탄에 젖어,
눈알 빙빙 도는 숫자 회전판의 장난 앞에
이 요행의 올가미에 목을 매달고, 쓰러지지 않으려고
그날 벌이에서 방세와 밥값만 남기고 깡그리
그는 복권을 샀다. 어차피 인생은 나이롱뽕!
칠전팔기, 님을 봐야 뽕을 따지
저 위대한 아메리카 드림을 보라, 기회를 잡는 자에게 행운의 여신은
꽃다발을 안겨준다. 지게는
그의 열려라, 참깨! 였다. 도저히 질 수 없는 지게짐 같은 캄캄한 생의 절벽 앞에서
두드려라, 그러면 열릴 것이다. 기도였다. 어떤 수를 써서라도
여자는 한번 따먹고 볼 일, (잘났어, 정말!)
부(富)는 수단이 아니다. 산에 가야 범을 잡고
인천 앞바다가 사이다라 해도 컵이 없이는 못 마시는 법
자, 단돈 오백 원으로 일억 원!

(빠꿈이는 물러서고 쪼다들은 대서고, 막 팔아!)
우와! 오직 일밖에 배운 것이 없는 그에게 이 얼마나 참신한 아이디어인가
많이 살수록 당첨의 확률은 높아진다.
하루하루 지불하는 무허가 하숙비마저 아까웠다.
어떤 날은 두 끼 라면만 씹으며 그 출세의 꿈을 샀다.
땡전 한 닢 없는 자에게 지푸라기 한 올 떠올려주기를 거부하는
이 시멘트의 늪,
돌베개 위에 눈물 돋는 인적(人蹟)의 불빛, 구걸의 비닐봉지로 씹으며
갱생원에서, 인간개조의 몽둥이 찜질 속에서 이를 갈았다.
좋다!
누가 죽나 보자! 떨어진 복권들을 진저리를 치며 골방에다 붙였다. 그러나
그 미련, 사방벽과 천장 온통 도배질이 되어도
그 위대한 아메리카의 꿈은 나타나지 않았다.
어두운 사창가 골목에는 그 행운의 여신, 요염히 눈웃음을 흘

리며 손짓하고…… 매일 밤

  그 창녀의 방에서 그는 뼈만 남아갔다.

  온몸의 정액 다 쏟으며…… 요행의 올가미에 황홀히 교수(絞首)당한 채.

  이윤이 있는 곳에 투자하라! 요 비법을 몰랐던 무지렁이는.

부록, 강시야화(夜話)

그가 나타났다. 복권에 미쳐죽은 그가, 강시가 되어—.

물론 아무도 믿지 않았다. 강시의 출현을. 늑대 이야기 속의 거짓말쟁이
아이의 허풍이라고 모두들 코웃음쳤다. 분명 나는 보았다. 왼종일
방세도 벌지 못한 겨울, 지게꾼의 한심스런 늦은 밤의 발걸음 앞에
그림자처럼 불쑥, 그는 강시가 되어 나타났다.
앙상한 해골의 모습으로. 나는 까무러치고 말았다. 노숙의 남산 벤치 위에.
그는 죽어, 망각의 가마니에 쌓여 사라져버렸는데
골방에 첩첩이 붙여논 낙첨의 복권들, 묘비명으로 남기고……
그런데 강시가 되어 세상에 나타나다니!

그러나 그 유언비어의 그림자, 반신반의의 몸을 일으켜 뒤뚱거리기 시작하더니
강시처럼

깡충깡충 드디어 양동의 어두운 골목에 모습을 드러냈다. 나처럼
 까무라친 사람이 자꾸 생겨나면서, 빈민굴은 흉흉한 분위기에 휩싸이기 시작했다.

 강시는
 막무가내 빈 손바닥을 내민다는 거였다. 걸인처럼
 몇 닢의 동전, 남은 토큰 달랑 내밀면 뻥 뚫린 눈, 거부의 시선 번뜩이며
 두 손 내민 기도의 몸짓, 올가미 엮어 몸을 조를 듯 다가온다는 거였다. 삶에 지친
 늦은 밤의 귀갓길 앞에, 빈 몸뚱이뿐인 사람들
 줄 것이 없어 도망치면 한사코 따라온다는 거였다. 드디어
 모두들, 밤길을 무서워하기 시작했다. 그러나 나는 그를 찾아야 했다.
 내 친구였으므로, 비록 폐농의 마을 모습이지만.

 그가 나타난 자리, 찾아가보면 벌거벗은 나무가 마지막 잎을

애원처럼
　떨구고 있었다. 길모퉁이에서 우체통이
　빈사의 몸, 착취의 녹에 쭈그러들고 있었다. 눈에 누런 고름 흘리며
　가로등, 백내장의 신음에 싸여 있기도 했다.

　공포에 짓눌린 지붕들, 더욱 낮게 몸 움츠리던 어느 날, 갑자기
　복권의 바람이 온 동네를 휩쓸기 시작했다. 강시 퇴치법의 소문
　풍선 부풀어 떠오르고 있었다. 누군가 강시를 만났을 때
　엉겁결에 손에 쥐어진 복권, 해골의 이마에 딱 붙여주었더니
　그는 여기처럼 사라지고 말더라는 거였다.

　오늘도 나는 담뱃값 아껴 모은 푼돈, 복권을 산다. 부적처럼
　복권을 이마에 붙여줘야 황홀히 잠드는 내 분신, 강시를 위하여.

암의 집

어느 날 갑자기 그녀의 몸은 암의 집이 되었다.
그녀의 자궁은 지하생활자의 소굴이 되어버렸다.
도대체 마음의 어떤 상처가, 몸의 어떤 조직이
그녀의 세계에 대해 반란을 일으켰단 말인가?
그녀의 배는 자식을 위해 무덤처럼 부풀었고
한숨 속에서도 젖은 흐르기를 멈추지 않았다.
뼈 마디마다 불화를 일으키는 가난도
그녀의 몸을 썩은 나무둥지로 생각하는 검버섯도
두렵지 않았다. 빈민굴 악다구니 자장가 삼아
그저 세끼 밥 굶지 않는 세월 베고 누워 잠들었다.
그런데 항암제를 핏줄 속으로 흘려보내야 하다니!
아기집을 도려내고, 유방을 지워버려야 하다니!
공장은 한 인간의 생애를 조립하여 완제품을 생산하는
곳이라고 믿었다. 땀은 그 완제품의 꽃의 세계
활짝 열리게 하는 거름이라고 믿었다. 그러나 햇살이
비가 심술을 부려 아직 이 땅은 척박하다고, 자신이 못나
무지렁이 가슴에 잡풀만 돋는다고, 하늘 우러렀는데
무지가 바로 암의 진원지였다니, 맙소사!

그럼 누가 아이들의 꽃으로 제 집을 장식했단 말인가
무엇이 땀의 열매로 제 살의 곳간만 채웠단 말인가
메마른 포도넝쿨 같은 사지 서로 얽고, 기계 속에서
기계가 되기를 거부하며 몸부림치던 아이들, 살 속으로
흐르는 피가 되고 싶어 꿈틀거리던 아이들, 지하에서
감옥에서 그녀의 몸속, 암의 세포로 번식하고 있다.
암이 아니라고, 외치는 그 의식이 바로 암덩어리라고
관리들의 손가락질이 메스처럼 파고드는 병동, 해의
백열등이 차가운 조소를 흘리고 있다. 의안(義眼)의
빗발이 감시의 창문을 두들기며 지나가고 흰 까운의
바람이 집도(執刀)의 자세로 거리를 서성이는 이 땅
혈관 속에 숨은 항암제가 쥐새끼처럼 속삭인다.
한 움큼씩 머리칼 쥐어뜯으며 그녀는 울부짖는다.
아이들의 샘과 집을 파헤치느니, 차라리 자신이
이 땅의 암의 세포가 되겠다고, 그녀는 몸부림치고 있다.
온몸, 말라비틀어진 거부의 포도나무가 되어……, 오늘도.

순환회로

헐리고 있는 함바를 보면 보이지.
완공된 공사장 뒷그늘에서
루핑과 슬레이트로 엉성히 지붕 덮인 가건물이 뜯기는 자리,
갈가리 해체되는 노동의 몸뚱이가.
살점이란 살점은 다 뜯기우고, 포클레인의 이빨 아래
갈빗살 부러진 각목, 낡은 살가죽의 베니어판의 잔해들만
햇살 아래
앙상히 내장을 드러낸 것이, 미련 버린 헌 작업복 신발짝들
라면 꼬랑지 말라붙은 냄비, 우그러진 몽당숟갈
두개골 부서진 연탄재의 무덤 속에 처박히고, 아쉬움 한 점 없어
더 잔인한 허망의 꼬리표 붙은 소포로 꾸려진 마음들만
폐허를 향해 떠나지, 폐허에서
땀으로 일어선 저 현대식 구조물들, 그러나
우리들의 얼굴이 지워진 세계의 뒤안길에서
땀의 몸뚱이 익숙하게 칼질하는 도살의 손도 보이지.
제 뼈다귀 지팡이 짚고 일어서는 뼈다귀들도 보이지.
다시 뼈다귀에 소금꽃을 피우기 위해 떠나는 이곳, 완성과

폐허 사이를 잇는 간이역에 서면, 철길은
의문의 산굽이를 돌아 지평선 위에 섬 하나를 떠올리지. 언제나
희망이라는 이름의 무인도를, 이 이감(移監)의
끝 모를 순환회로, 뜯겨
흩어진 꿈의 잔해 속에서 다시 짓지.
아직 살아 꿈틀대는 각목, 판자쪽 주워 모아
가건물을, 결코 포기할 수 없는 삶의 집을
저 사람이 살지 않는 섬을 향해, 수없는 물음표로 누운
침목을 밟으며, 아직 살아 있다고
피스톤의 숨결 내뿜으며 달려온 강철의 동체 위에
삽과 곡괭이뿐인 세월을 태우고 흔들리고 있노라면
토막 토막 떨어져나가는 차창 풍경, 이 악물고 벽돌을 쌓지.
소금꽃 아름답게 만개(滿開)하는 세상을. 유리창에 뜨겁게 양각(陽刻)하며 번지는
눈의 핏발, 입김 호호 지우며……
저 폐허에 소금꽃 씨앗 한 점으로 투신하기 위해.

철거 이후

그들이 병소(病巢)라고 부르던 곳,
새살처럼, 지금은 검은 아스팔트가 덮여 있다.
깨진 유리의 햇살로 제 배를 그으면 겨우
아침이 흘러내리던 양동(陽洞),
여호와의 증인이 도둑고양이처럼 스쳐가고
인도에서 온 마더 테레사를 닮은 수녀까지
예수 재림은 마굿간 같은 이곳이라고 두 손 모으던
골목, 가파른 비탈길엔 힐튼 호텔의
계단식으로 잘 구획지어진 주차장이 들어서고
재림한 것은 강철의 동체를 번뜩이는 차들,
한낮의 햇살 속에
허어옇게 백태가 낀 눈을 껌벅이며 서 있다.
정적 속, 빈민굴
이 땅의 상처 속에 균처럼 꿈틀거리던 몸부림들
보이지 않는다. 희망
그 전지가위에 사지 다 자르고, 겨울 가로수처럼
시멘트의 벌판에 온몸 던지던
오체투지(五體投地)들, 이 무허가 건물들

힐책의 기중기 쇠뭉치에 산산이 부서져
바람에 실려, 민들레 씨앗처럼
이 땅, 어디서 또 둥지를 짓고 있을까
그들이 병소(病巢)라고 부르는 햇볕 동네를 이루고 있을까
어두운 골목 담벼락에 떠오르는 선거벽보 속의 얼굴들, 뚜쟁이처럼
짓던 웃음의 포클레인이 빈곤의 잔해를 쓸어간 자리
바람이 불 때마다
견고한 망각의 덮개를 비집고 돋아나는 잡풀들
지게를 지고, 빈손을 내밀며
인피(人皮)저금통장을 열며, 더러는 갱생원 철조망 안에서
저리도 흔들리고 있는 이 땅,
안질에 걸린 헤드라이트의 눈들만 햇살 속에 번뜩이고 있고……

그들은 더 이상 여기 살지 않는다 1

졸업이었다
비닐하우스 속의 묘종(苗種)들, 소름처럼 돋아 있다
이 손톱 박아야 할 고샅 땅뙈기는 대체 무엇인가
봄은, 빨간빛 봉고차의
확성기를 타고 마을로 흘러들고 있다. 뚜쟁이의
눈빛으로
온몸 젖어드는 저 구인(求人)광고 소리, 봄볕 속에
쪼그리고 앉은 돌담가에 겨우 얼굴 내민 개밥풀꽃 하나
갸우뚱, 제 살아야 할 세상 바라보고 있다
졸업, 한 계단도 오르기 전에 막혀버린 길
비상구마저 봉해져버린 논둑길을 바라보며
그래도 가슴속에 그리움으로 인각해놓은 졸업장
경칩이 지났는데도 얼어 있는 논바닥엔 잘린 벼폭들
이 앙다물고 있다. 돈이나 벌으라고……
저 빨간빛 봄의 동체 속에 탑승하기만 하면, 당산나무
그 앙상한 가지 얽히고 얽힌 동구(洞口) 밖으로 이륙……
탈출할 수 있는…… 길,
아마, 이딴 농가(農家)쯤 게딱지처럼 보일 테지

돋기도 전에 말라버린 꿈, 직조할 수 있다는 방직공장
브라운관에 초라한 모습, 컬러로 켤 수 있는 곳
전선 납땜 기술만 익히면…… 삼백 프로의 보너스에
아, 그 꿈의 적금통장…… 기숙사, 부모님은
모르는 척 해소기침 소리만 방의 문풍지에 진달래 꽃잎 수놓고
그 달빛 밟으며 야반도주는 싫어!
당당히 옷가방에 홍운(紅雲)의 꿈을 챙겨 떠나자
아침의 고요를 깨며, 여공원 모집의 천렵의 그물 쉴새없이 던져오는
저 스피커 소리,
그래, 피라미 몸 한 마리 던져주면 된다
알 통통히 밴 적금통장, 모천회귀(母川回歸)를 위하여
우리 황폐한 마음의 이 마을에서, 오늘 드디어
졸업이었다

비가(悲歌)

고향이 있는 이에겐, 돌아갈
어머니의 품속이 있는 이에겐
서울이여
너는 언제나 잿빛 얼굴로 외면하는구나
콘크리트에 덮인 네 단단한 가슴속에 숨겨놓은
불빛은
보여주지 않는구나 살다가 지치면
몸 팔다 팔다 지치면 돌아가야지
이 앙다무는 이에겐
깊게 감아버린 눈꺼풀의 벽 속에 맺혀 있는
눈물을 보여주지 않는구나
못살아, 네 가슴팍 쥐어뜯는 몸부림의 손톱자국에는
폐수를 흘려내리고
짓찧는 울음의 이마에는 검은 매연만 피워 올리는구나
어둠의 각질로 굳어진 네 살갗 속 숨은
혈관을 타고
뜨겁게 흐르는 피는 적셔주지 않는구나
네 폐허의 몸에 온몸 성기가 되어 파고들지 않는

뿌리에겐
너는 쇠의 심장을 가진 공장지대일 뿐, 이 무덤
속의 자궁은 만나지 못하는구나
무덤 속, 그 자궁을 베고 누운 태아일 때
서울이여
너의 불빛은 포근한 양수(羊水)가 되는구나
콘크리트의 가슴은 탄생의 집이 되는구나

소

그는 걸어온다. 노려보는 도살업자 앞으로
터벅…… 터벅…… 쉬임없이, 서두르지 않고
햇살마저 밀도살의 전기 망치로 정수리를 노려보고 있어도
결코 멈추지 않는 걸음걸이로, 밤길을

아무리 물을 먹여도
물 젖어 퉁퉁 불은 고깃덩이로 푸줏간 저울대에 올려져도
코뚜레 꿴 멍에,
그 멍에, 등에 지게로 얹고
논두렁, 밭둑에 엎어진 빈사의 풀잎들
되새김질하며
끊임없이 되새김질하며, 미친 바람 불어

그 풀잎
제 살 찌르는 몸부림의 낫날로 목줄기에 꽂혀 와도
그 낫날, 불면의 낫달로 가슴 깊이 담고
가래 보습날 같은 눈물 뚝뚝 떨구며…… 성나면 호랑이 가죽도 뚫는

어질디어진 뿔, 천둥벌거숭이 고샅길 텃밭도
제 살인 양 쓰다듬으며
번쩍이는 아스팔트에 덮인 뇌 속으로
황톳빛 황홀한 쟁기질의 울음 울며……

기억 속의 들꽃

모란장터에서 얼핏 보았다고 했다.

막걸리 냄새를 풍기며 빨갛게 여문 고추를 팔더라고 했다. 한 입만 베어물어도 온통 가을처럼 물들, 자가용을 몰고 온 물매미처럼 매끈한 서울 부인들에게.

황톳빛으로 그을린 얼굴에 털 부숭한 가슴 떡 벌린 채, 이 고추는 토종이다. 쪽바리 코 큰 놈은 입도 몬 댈 순 토종이란 말임다! 떠벌리며 호탕하게 껄껄거리더라는 서울 변두리의 모란장날.

바람이 불면
바람의 자궁 속에 눕고, 바람이 머무는 곳
바람으로 태어나서

맨손으로 삽질을 하고
맨몸으로 흙 져 날라 뿌리 묻으며
맨대가리로 하늘 우러러 살다가

다시 바람 불면 훌훌 몸 허물던 그가

　이 나라의 토산품들이 마치 죄지은 듯 끌려나와 있는 곳, 모란천변. 때묻은 광목 차양막 아래 오두마니 앉은 바람이 비단잉어처럼 황홀히 지느러미를 흔드는 도시의 지전(紙錢)들에, 차라리 저 햇살이 망나니의 칼날이었으면 하고 넋을 놓고 있을 때,

　빨갛게 익은 고추를 팔더라고 했다.
　황토 젖을 먹고 자라 통통히 씨가 밴 고추를 팔더라고 했다.
굵은 종아리 베잠방이 둥둥 걷고 흙고무신 꺾어 신은 채.

어떤 공친 날

가로수에서
떨어지는 마른 잎새 하나마저, 꼭 지게! 하고 부르는 손짓 같아……
지친 걸음 멈추면 벌써 저물 무렵, 서울에서
부산까지 2시간 만에 주파(走破)한다는 탄환열차
등줄기를 타고 흐른다. 빌딩들, 명동의
허공에는 뿔이 돋고, 네온사인, 마귀할멈의
눈빛이 커지고 있다. 일셋집 아주머니의 얼굴에서
방세 독촉의 송곳니가 돋아나, 지나가는 여자의 핸드빽이 몽땅
지게짐으로 보인다. 제발, 미친 척하고 이 핸드빽 좀 지고 가요, 해주었으면 싶을 때
머리통을 파고 들어온 탄환열차, 빨대처럼
뇌수를 빨아먹는다. 어둠의
입속으로 빨려드는 이 하루의 기대,
차라리 눈이라도 퍼부었으면, 억수같이 비라도 내리는 날이었으면
내 빈 지게의 앙상한 사지 속에
체념의 뼈를 묻어버렸을 텐데…… 그 청사진같이

하늘은 저리 푸르러, 문명의 미래의 설계도를 수놓고 있는
새해, 신문같이 2000년대 최첨단 도시의 청사진이 꽃편
하늘은
하나님의 성기가 보일 것같이 저리 푸르러, 해독불능의
그 미래의 설계도 같은, 화려한 진열장의 불빛이
피어나는 이 명동 거리, 가로수에서
마른 잎새 하나가 떨어져내린다. 꼭 지게! 하고 부르는 손짓
같아……
그 환청 한 잎을 찾아 떨어져내리지 못하고 내
맴돌고 있는, 맴돌고 있는……

그 빈집털이 누군지 모릅니꺼?

주택가는 고요했어예.
하늘은 엉터리 미장이가 회반죽을 발라놓은 것 같았지만
적막, 골목의 개들이
뭐 좀 짖어댈 게 없나, 어슬렁거리고 있데예.
우리 둘 따위에겐 일별도 던지지 않았심더. 개새끼!
모두가 바캉스 떠나뺐는지, 여름 하오.

역(驛)은
작업복 가방처럼 안 가볍심니꺼, 세상을 향해 샤크만 내리고 있으믄……
  버리고 떠나야 홀가분한 함바…… 그림자도 남기기 싫은 완공된 공사판,
  쭈그러진 대합실의 쥐새끼 한 마리가 텅 빈 가슴속을 관통해 가던 그때,
  그가 나타났어예. 쥐의 송곳니같이
  내 폐부를 갉고 있는 철로길을 걸어와, 담배 한 대 주슈!
  닫긴 세상을 여는 열쇠? 우리는 휴지통의 꽁초를 주워 입에 물었지예.

눈에 석고가루로 피어오르던 음모의 미소.
쓰레기통을 뒤지는, 똥개 같은 후각을 뽐내고 있었심더. 그는. 개 잘 잡아!
익숙하게 빈집을 골라내어, 꼬니를 따고, 담치기를 하며 마지막
즙을 짜듯, 빈집을 드나들었어예. 그런데예, 그가 빈집을 들랑거릴 때마다
와, 내 몸이 텅 비는 것 같은지 모르겠데예?
작업복 가방은 훔친 것들로 가득 차오르는데 말입니더.

그런데예, 그 마지막 빈집에서 어떤 몽짜를 뚜룩쳤는지 그는 마, 사라지고 안 말았심니꺼. 미치겠데예. 다른 쪽 담을 넘어…… 배신자!
문 밖에서
기다리다 지쳐 어둠살 낀 역으로 돌아와 주저앉고 안 말았심니꺼.
그래도 이대로 쓰러질 수 없다!
싶어, 황급히 훔친 물건으로 꽉 찬 가방을 열어봤지예. 옴마야!

쏟아져나오는 것은 내 오장육부였어예. 그런데
우짜꼬마! 심장이 감쪽같이 사라지고 없었어예. 우짜믄 좋심
니꺼?
오늘도 나는 이 공사판 저 현장, 내 심장 찾으러 안 다닙니꺼.
보이소예, 십장어른요. 혹시 그 빈집털이 누군지 모릅니꺼?

제2부

꽃의 자갈치

제주 뱃머리에 고구마 배가 드는 새벽이면
내 양생이꾼이 되던 곳, 하역인부의 등짐에서
떨어지는 고구마 낱알을 줍다가, 호루라기의 발길질에
허기의 엉덩이를 걷어채이면, 선창에 미명으로 쌓인
헌 고기상자 뒤에 숨어 코 훌쩍이던 곳, 부유하는 쓰레기와
폐유 썩은 물결과 길 비키라고 악쓰는 손수레와
어선의 아가리가 토해내는 고기상자에서 생선을 훔치는
좀도둑과 온갖 행상들이 피워 올리는 악다구니의 무적(霧笛)
과 잘 있어요,
잘 가요, 손 흐드는 여수(旅愁)의 여객선의 그 감미로운 유행
가와 섬에서
새벽배로 내린 처녀, 쉽게도 몸 허물 수 있는 술집과 밤새
선창에서 꺼지지 않는 술주정과 뒷골목 헌 유곽의 불빛, 꿈틀
거리는
근육과 문신의 취기에 새겨진 사내, 이 소금기 진한 몸부림과
함께 내 남루의 새벽안개 속에서 어서 일어나라고
두 눈 부릅뜨는 등대, 내 공복의 해안에 다가와
가만히 손을 내미는 파도 소리 따라 자갈치를 기어들면

바다의 그 해독할 수 없는 수화(手話)의 물결 가득 출렁이는
공판장에는, 경매의 손짓들이 결코 포기할 수 없는
꿈을 가리키며 해풍에 나부끼고, 몸보다 입이 더 큰
아귀의 얼굴을 가진 아지매들, 바다를 뻥과자처럼 먹고 있는
남항(南港), 온갖 사투리의 생선 퍼득이는 아지매들의
자궁, 이 뻥튀기 기계 터지면, 갈매기 욕지거리로 날아오르고
걸쩍한 웃음의 손갈구리에 아침의 선홍빛 아가미를 찍어올리는
울퉁불퉁한 아귀의 몸을 가진 아지매들
햇살의 비늘 번뜩이는 우의 속에, 끈끈한 땀의 체액에 젖어
내 뼈의 손수레에 펄떡이는 꿈을 차곡 담아
이 악머구리 끓는 소음을 딛고, 내 몸 뒷밀이해주던 곳,
끝없는 침몰이 화환이 되어 내 목에 걸리던 곳,
―내 죽으면 머리통을 쪼개보라, 거기 자갈치가 꽃피어 있을
것이다.

하이에나의 숲

물주에게 던져줄
살코기를 구하기 위해 비대해진 경제를 몰고 숲으로 간다.
빠리꾼들.

잔업에 시달리다 파김치가 된 몰골로 소녀는 도시의 로터리를
걷고 있다.
시골 동생 공납금, 닭장방 월세 걱정의 발자국 또박또박 보도 블록에 새기며
늦은 밤의 귀갓길,

저 네온불빛, 휘황한 플라스틱꽃으로 치장한 덫이 놓인 줄도 모르고
숲속으로
다가온 감언이설의 꽃이 너무 눈부셔, 저도 모르고 발을 내딛는다.
순간, 그 여린 풀꽃을 뿌리째 뽑아가는 가난.

빠리꾼들,

휘파람 불며, 하이에나 앞에 살코기를 던져준다. 그 작은 눈물 한 방울
살코기로 뜯어먹는 하이에나, 비만의 호텔에 누워
포식의 배를 쓰다듬으며, 다음의 먹이를 찾아, 포크의 성기(性器)의
날을 세우고 있다.

가분수꼴로
채울수록 허기지는 쾌락을 배불리기 위해, 공장의 굴뚝으로 덫을 놓고
숨어 있는 충복의 빠리꾼들,

꽃잎을
기계의 이빨로 뜯어먹는 하이에나를 위하여.

그 겨울의 빈대

겨울에도
빈대가 출몰했다
대합실 나무의자에 웅크려 누워 있노라면
그 무수한 욕망에 살을 뜯기면서
피를 빨리면서, 복면을 하고
높은 담, 굳게 잠긴 문 제꺽 열고
목숨은 필요 없다 돈을 내놧!
강도가 되고 싶었다
기적 소리는 자꾸만 먼 도시의 불빛을 뚜쟁이처럼
속삭였지만, 가슴속에는
그 불빛, 꺼진지 이미 오래였다 낮이면
시장바닥을 기웃거리며, 사과 한 알에도
나는 털 뜯긴 통닭, 기름에 지글지글 끓으며
마음은 수십번 훔치고 게걸스레 씹고 있었지만
손은
주머니 속에서만 혀를 빼문 채 헐떡이고 있었다.
온몸으로 끈적끈적한 침을 흘리며, 몸보다
입이 더 큰 아귀가 비웃음을 흘리고 있었다.

익은 돼지머리가 시침 뚝 떼고 있었다.
그 아귀와 돼지머리의 소음에 떼밀려 시장을 나오면
자꾸만 그림자 길어지는 해거름녘, 내 남루
아무리 양의 모습을 짓고 있어도, 대합실을 찾아드는
긴 그림자,
이리의 얼굴을 들고 이빨을 번뜩이고 있었다
그 겨울의 빈대는 더 지독했다

수건 색소폰

수건을 입에 물고 색소폰을 불면
소매치기 벙어리 여인은 노래를 불렀지
문둥이 미쓰 리는 몽그라진 손으로 젓가락을 두드리고
돗자리 부대 남희 엄마 넘치도록 막걸리를 따랐지
꼬지를 본 돈이건, 도둑질을 한 술값이든
인피통장에서 꺼낸 것이건 가리지 않았네
들리지 않는 내 색소폰 음률에, 가사 없는 노래로
취하기만 하면 되었지
고향 얘기 따윈 결코 하지 않았네
우리는 고향이 없네, 그 남산길
떨군 혈육 한 점 없는 통술집 할머니 끝내 목매달은 날
미쓰 리는 손가락 없는 손으로 자꾸만 술을 따르며
머리를 내 비틀거리는 어깨에 얹어왔지만, 그 밤
이 음성나환의 몸뚱이는 끝내 끌어안을 수 없었네
주전자가 우그러지도록 신음뿐인 음률에 가슴 적신 채
내 색소폰의 침묵의 멜로디를 그녀는 이해했을까
나 또한 지겟벌이의 마지막 한 닢 남기지 않았네
비가 오면

속살 허어옇게 다 드러내놓고 비바람 몰아치면
쑥대머리 풀어헤친 수양버들길 가,
속치마 바람으로, 자고 가요. 제발
자고 가요. 지나가는 남자만 보면 술 취해 미친 듯
손 흔드는 남희 엄마 기어이 부녀보호소로 끌려가고
벙어리 여인 신음 하나 행적 없이 사라져가고
미쓰 리 또한 소록도를 향해 풍문으로 떠나갔지만
또다시 그녀의 분신(分身)들이 서식하고 있는 남산길
오늘도 혼자 걷고 있네
사무치게 수건 색소폰이 불고 싶은 날

염낭거미 1

그녀가 이사를 왔다. 흔적없이……라고 말하는 것은 옳지 않다. 뿌리 없는 삶들은 알고 있다. 부랑의 바람 따라 무작정 떠도는 것 같지만 그 바람의 길을 비행할 수 있는 끈을 가슴에 매달고 있는 것을. 보이지는 않지만.

양동의 어두운 골방에 몸을 푼 후, 며칠 동안 어리둥절해 있는 것 같았다. 어떻게 살아가야 하나…… 불가사의하게, 하나씩의 세계를 이루고 있는 이 벌집 속의 작은 방들, 가난의 알에서 부화시킨 새끼들을 볼 때마다 하나씩의 둥지를 세우고 있는 벽들이 첩첩이 가슴에 무너져 왔다. 밀리는 방세와 배고픔, 그녀의 눈에 서서히 핏발이 돋기 시작했다. 말라붙은 젖무덤에 매달린 젖먹이와 걸레뭉치 세 아이의 입이 흡반처럼 그녀의 몸에 달라붙어 있었다.

탈출구는 없다. 그녀는 시멘트의 밭을 일구기로 했다. 뼈를 뽑아 농구(農具)를 만들고, 살점을 떼어 씨를 뿌리기로 했다. 손을 내밀 때마다 수몰촌, 놉의 아낙의 그 억척스런 몸짓이 보였다. 지하도에서, 꿈, 이 천형(天刑)의 거미줄을 뽑아 밀폐의 집을 만들었다. 누에고치 같은.

 밤이면, 그 골방에서 누더기를 벗고 알몸을 열었다. 새끼들에게 먹일 한줌을 얻기 위해. 사타구니를 타고 온몸 정액빛 새벽이 차오를 때까지……
 주정뱅이 품팔이들. 떠돌이 꼬지꾼들의 발기된 허망에는 새끼들의 갈증난 손톱과 이빨이 돋아 있었다.
 ─제 어미의 살과 피로 차려진 이 푸짐한 식탁.
 게걸스레 파먹으며 아이들이 조금씩 자라는 동안 그녀는 껍질만 남아갔다.

 너희들은 대명천지에서 살아야 헌다! 이윽고 그 몰아의 빈 껍질의 시신 위에 가마니가 덮이던 날, 밀폐의 집을 허물고 아이들은 뿔뿔이 흩어져갔다. 바람의 길을 따라, 비행할 수 있는 끈, 악다구니를 가슴에 매달고, 제 살 곳을 향하여…… 거지여인의 새끼들

 저 자신도 어미가 된 순간, 이렇게 빈 껍질로 해체될 줄을 모르고…….

어두운 기억의 집 1
― 먹방에서

입은 방성구(防聲具)의 고무좆에 물려 있다.
사지는 헤라클레스라는 이름의 피혁수갑에 얽혀 있다.
스티로폼에 싸인 사방 벽, 대가리 박을 데도 없다.
창문도 목을 달아맬 철창도 없다. 오척단구에 꽉 차는 방
자궁 속에 꺼꾸로 쑤셔박힌 것 같다. 개처럼
마룻바닥에 웅크리고 누워, 아무리 소리쳐도
침만 신음으로 질질 흘러내릴 뿐,
어둠만 암반으로 숨통을 눌러올 뿐,
몸을 지하로 쿵쿵 내리박는 가슴의 동계(動悸), 공포는
블랙홀의 소화기관을 가진 거미, 당당히 진군해오는
저 먹이사슬의 이빨, 엥겔계수 100의 거미줄의 구조
그 끈끈한 흡반력의 지배 앞에, 내 무기력의 원무(圓舞)
꿈틀거림의 삽질을 한다. 이 무덤을 파헤쳐야 한다.
그러나 제자리에서 맴돌기만 하는 환상방황,
빈민굴 골방 같은 이 감옥 속의 감옥만 지어놓고
나는 축 늘어진다.
이곳은 사람이 살지 않는다. 복도의 구두 발자국 소리.
물방울이 되어 이마 위로 똑똑 떨어져내린다.

알을 깨는 부화의 부리처럼 두개골을 파고드는 물방울,
비상하는 나래짓으로 온몸 휘감아 올라, 폭포수의 굉음으로
천길만길 추락해온다. 살려줘! 갑자기 문이 열린다.
손가락으로 두 눈을 찌르며 들어오는 제복의 빛, 느닷없이
그 꿈틀거림에 쇠비녀를 꽂아 비행기를 태운다.
통닭구이로 매달아 비웃음의 기름솥에 지글지글 끓인다.
식구통이 싸늘히 쏘아본다. 살려면 먹어!
이 사육(飼育)의 가다밥, 나는 개가 되어 주둥이를 처박는다.
일어나! 피티체조팬덤기타목봉타기모래가마니짊어지고
유령의 춤을 춘다. 문이 닫힌다. 사방 벽, 그 망망한 시멘트의
바다
눈알을 뽑아 낚시를 던진다. 튕겨오른다. 나는 정신을 잃는다.

이를 악물고 나는 다시 태어날 것이다. 바로 이 모습으로
머리를 뽑아 항문에 붙이고, 팔과 다리를 떼어 옆구리에 꽂고.

그들은 더 이상 여기서 살지 않는다 2

굴뚝은
언제나 우람히 솟구쳐 있다
기숙사와 공장 건물 사이의 공지(空地)에 서면
공연히 사타구니가 아려온다
달손님은 벌써 지나갔는데, 몽중(夢中)에
강간당한 것일까, 미친년! 피식 헛웃음이 새나온다
그러나 마음은 찢어진 처녀막처럼 피를 흘리고 있다.
요즈음은 자꾸만 재봉틀이 덜커거린다
한숨에도 쉬 부러지는 바늘, 절망이 폐부에 꽂히면 피기침이 나는 걸까
공장 안을 떠도는 은밀한 속삭임, 비밀스런 종이쪽지
산산이 찢겨져 있는 믿음의 저 메울 길 없는 괴리감
우리 내밀한 가슴의 동계(動悸), 재봉틀이 먼저 알고 있다
서로 핏줄이 이어진 듯, 이 차가운 기계와의 교감(交感).
재단사의 가위질은 정확하다. 설계에 따라 한 치의 오차도 용납하지
않는다. 그러나 재단사에게 가위질을 시키는 그 가위질이
더 잔인하다. 왜 숙자는 콜록거리는가, 드레스의 흰 천 위에

붉은 꽃무늬를
　토해놓을 때, 막힌 환기통. 자욱한 먼지보다 그 야윈 몸뚱이를 먼저
　가위질하는 보이지 않는 재단사.
　채 여물지 못한 몸들, 뻔질난 조출철야에 달손님의 방문마저 불규칙한
　길고 긴 작업시간은 재단하지 않는 재단사, 불을 끄고
　남몰래 촛불 켠 기숙사의 밤, 노동법 해설을 읽으며
　새우처럼 웅크린 어린 여공들의 꿈을 잘라먹는 그 어버이 같은
　미소의 가면 뒤, 숨은 얼굴을 알아차렸을 때, 숙련된
　그 교묘한 가위질은 흔적 없이 우리를 재단하고 있었지
　내일은 일어서야 한다
　피기침을 그 가면의 얼굴을 향해 쏟아부어야 한다
　빈손으로 돌아갈 수 없는 고향,
　마을에는 오늘도 어린 여공 모집의 스피커 소리
　또 어떤 꿈을 유혹하기 위해 뚜쟁이의 웃음을 흘리고 있을까
　끈질긴 천렵의 그물을 던지고 있을까
　닭장방과 폐허의 집 사이의 공지(空地)에 서면

저 굴뚝,
강간의 우람한 성기는 검은 정액을 흘리고 있다

독(毒)

복어알이 끓고 있다. 빛깔도 참 곱게……
행상 어미. 시장 쓰레기 더미에서 주워 온
이 작은 기쁨을
눈 아리게 붉은 고춧가루로 간을 맞추고 있다.
―숨결도 고소해지는 참기름이 있었으면……
큰아이 재봉틀 소리로 종일 비가 내리는데
산 17번지
가뭄에
겨울비는 내리는데
그러나 냄비 뚜껑을 들썩이며 온몸
뜨겁게 적시는 김, 저녁밥상 곁에
등잔처럼 켜질 안식을 꿈꾸며, 안질에 걸린 듯
뿌옇게 비안개 흐려지는 그 기다림이
자꾸만 눈길 주는 곳
익어, 치잣빛으로 익어 피어나는 시정(市井)의 불빛
복어알이 반짝이고 있다. 빛깔도 참 곱게……

밧줄타기 아니 밥줄타기

밧줄을
탄다. 불가사의하게
물위에 뜬 저 철(鐵)의 동체, 마닐라 로프의 밥줄에 질긴
목을 매달고, 깡깡이를
한다. 망치와 쇠솔을 들고
거미처럼 붙어. 떨어지면 불쌍한 하청업자만
피떡이 된다. 보험도 외면하는 칠성판, 작은 나무벌판에 앉아
밑으로만 내려가는 밧줄타기, 한번 타면 끝까지
올라갈 수 없는 밥줄의 길. 시커먼 뱃속이 보인다.
시원히 배설을 끝낸 화물칸, 사람이
개새끼처럼 작아보이는 배의 까마득한 뱃속의 깊이
도대체 얼마를 집어삼켜야 이 위(胃)가 개트림을 할까
공복 속에 첩첩이 낀 녹과 먼지, 승강 장치가 없는 우리의 밧줄
내 몸을 실은 이상 오르내림이 내 자의(自意)여야 하는 밥줄
그러나 막무가내 내려갈 줄밖에 모르는 밧줄의 식도(食道),
망치로 두들긴다. 우리는 타잔이 아니다. 이 나무에서 저 나
무로의 수평이동
고저공 침투 특전 훈련, 아무도 가르쳐 주지 않았다.

쇠솔질을 한다.
녹이 벗겨지는 자리, 철면피한
쇠의
피부가 나타난다. 점점 가까워오는 배의 바닥,
마음이 놓인다. 배 밑바닥에 깔린 사람들
비로소 개새끼 껍질을 벗고 사람으로 보인다.
그러나 다시 올라가야 한다. 밥줄에 목을 매달기 위해
화물칸 입구, 기중기가 손가락을 집어넣는다.
화물선의 목구멍으로, 이물질의 우리는 구토처럼 떠오른다.
바다의 복부가 꿈틀거린다. 갑판에 서면
무수히 칼날을 띄워오는 파도들, 섬뜩!
저 멀리 다도해의 작은 섬들, 잘린 목이 뜬다.
밧줄을 내린다.
밥줄에, 머리가 없는 목이 교수(絞首)된다.

보관소가 있는 밤, 풍경

상점의 셔터문이 지친 눈꺼풀을 내린다
내 눈망울에서
저 입술이 붉은 꽃잎을 피워 올린 불빛도
떨어져내려 하나 둘 쓰레기 더미에서 잠들고
빈 지게 위에 쌓이는 어둠의 짐, 자꾸만
허리 휘이게 하는 헌옷전 뒷골목을 들어서면
뜨내기 지게꾼 다람쥐 쳇바퀴의 헤맴이
마지막 순례를 끝내는 곳, 밤의
보관소는
꼭 납골당을 닮아 있었지
가슴 뻐개지는 소리의 양철문을 밀면
악다구니와 방황의 손톱에 살 다 뜯기우고
이 하루, 형해만 남은 지게는 지게끼리
리어카 짐 자전거는 또 저들끼리 서로 관절 얽고
무너지지 않으려고 차곡이 포개져 있는
노천의 마당에는 버려진
연탄재의 하얀 두개골이 피워 올리는 마지막 온기에
두 손 적신 채 주인 아바이 영감 웅크리고 있다

세상을 닫아버린 눈꺼풀 같은 백 원 두 닢을 기다리며
마치 묘지기처럼, 오늘 많이 벌었어?
묻는 눈빛에는 저승새가 포롱 날아오르고, 보이지 않는
그 나래짓을 닮은 몸짓으로 쌓인 지게 위에
내 뼈를 눕히고(지눔이 고이 잠들건 말건!) 뒤돌아서면
언제나 등뼈 뽑혀 허물어지고 있는 건 나였지
이 세상 그 무엇에도 맡길 것 하나 없는 빈 몸뚱이뿐인 나였지

나는 에델바이스를 본 적이 있다

나는
에델바이스를 본 적이 있다.
겨울에도 피는 이 꽃,
눈 덮인 깊은 산속, 꽁꽁 얼어붙은 땅을 열고 찬란히 숨결을 터뜨리는
이 꽃,
본 적이 있다. 지하도에서
콘크리트의 무게로 무겁게 짓눌러오는
내 울음
이 동토(凍土)에 삽을 꽂고 뜨겁게 땀을 흘릴 때.

한 번 손을 내밀 때마다 한 삽씩 퍼올려지던
어둠,
온몸의 질통에 담아 나르던 꿈의 뿌리,
그 삽질,
기어이 그대 가슴 덮인 콘크리트벽을 뚫고
흙의
따뜻한 살결을 만났을 때.

몸의
모든 뼈, 그물 엮어 피워 올리던 그 꽃,
빛과
모양은 잊었지만

나는 에델바이스를 본 적이 있다.

잡풀을 뽑으며

잡풀을 뽑는다. 햇살이
고요의 바윗덩이에 앉아 가부좌를 하고 있는
도심의 높은 양옥집, 잘 손질된 여름의 정원
비디오 카메라의 눈이 비밀경찰처럼
숨어 있는 담장 안을
어떻게 뿌리를 내렸을까, 이 잡풀들
저기 남산 케이블카를 타고 왔을까, 미친놈!
그럼 300V 거부의 전류가 흐르는 철조망을 무소부재
바람의 발바닥에 묻혀 월담했을까, 도둑처럼
생각의 잔디밭을 뒤지며 잡풀을 뽑는다.
엉겅퀴, 전과 때문에 그 잘난 중동바람 한번 못 타본 제까짓 게
주민등록증이 없어 공단 취업공고판 처다도 못 본 쐐기풀 지놈이
이 공사판 저 현장 질경이처럼 떠돌다 골병만 든 주제에
삼매의 성감대 같은 풀꽃을 피워 올려 이 양옥
모든 천한 땀의 뿌리에서 비롯된다고 말하고 있는 걸까
피까지 팔던 빈 몸, 모든 것 포기하고 시부랑탕!
오지게 꽃피워 보겠다고, 넝마에 덮여도 살아 있어

더 사무친 풀꽃 한번 피워 보겠다고, 부끄러워
꿈틀거리는 근육 부끄러워, 부러진 사지에 깁스를 하듯
지게를 지고 나는 자유다! 거리를 헤매다 부르는
손짓 따라 찾아든 이곳, 잡풀을 뽑는다. 뿌리째
손가락으로 살짝 집어도 무허가 판잣집마냥 허물어지는
일당을 뽑는다. 다음날이면 어느새 집 지어놓고 있는
가난을 뽑는다. 세 밥그릇 돌려달라는 어린 여공의
가냘픈 몸부림을 짓밟는 구둣발처럼 아무리 뽑아도
석유 끼얹고 제 몸 불지르는 풀꽃은 또 저만큼 피어나 있어
아하, 알겠다. 이 부드러운 흙이 바로 제 땅, 누가 심지 않아도
모든 한 뿌리의 풀꽃들이 어울려 살던 곳, 이 푸른 잔디밭에
송곳니를 박는 잡풀을 뽑는다.
턱도 없이 독식을 하려는 생각을 뽑는다. 햇살은
고요의 바윗덩이에 앉아 가부좌를 하고 있다.
삼매의 풀꽃을 피워 올리며

용(龍)

용을
그리고 있다. 붉은 크레용으로
침을 묻혀가며, 꼬리서부터 수상쩍게
꼬물거리던 놈이 점점 뱀을 닮고 있더니
머리에 와서는 갈치 모습으로 변해 있다. 아이는
그 괴상한 짐승이 용인 줄 알고 국적불명으로 낑낑거린다
아비는 난감해진다. 용을 한 번도 본 적이 없어…… 막장에서
떠돌이 공사판에서 어쩌다 용의 꿈은 꾸었지만, 번번이
대가리가 없는 개꿈이었다. 살아 있는 용,
아이의 미래를 수정해줄 수가 없다.
노동의 땀방울들,
무엇으로 단련해야 번뜩이는 용의 비늘이 될까?
더듬이를 잃은 삽질, 이 헛용틀임에 취한
이무기의 발걸음에 가슴만 무너져내려, 귀갓길의
산 17번지, 어둠 속은 언제나 늪의 적막강산이었다.
용은
없다. 저주받을 상상 속의 이 허황한 동물! 아비는
그렇게 말할 수가 없었다. 아이의 꿈의 머리에

시퍼렇게 돋아나는 의식의 뿔, 곡괭이를 쥐면
불의의 구조를 파헤칠 수 있는 화등잔의 눈과
철갑의 의지를 입혀주지 못하면 아비도 없다. 그래,
용은
있다. 그리지 말고 몸으로 살아야 할, 적색도 백색도 아닌 황
톳빛
태양,
입에 물고 승천하는 용틀임의 근육……
용을
그리고 있다. 아이가
또다시 그려가는 꼬리 쪽부터, 아비는
뱀을 닮고 있다. 부끄러워
그 기형(畸形)의
갈치 대가리 자꾸 무릎 속으로 파묻히고 있다.

바이킹이라는 녀석

바이킹이라는 별명의 이 녀석, 일일취업소 문이 닫히면
갈 곳이 없어, 녹십자병원 벽돌작업*하러 온 사람
뒷골목 으슥한 공원 숲속으로 유인을 하지, 칼자국 찍 그어진
애꾸눈 흉터 번뜩이며, 배고파 눈멀고 귀먼 팔다리 어거지로
부러뜨리지, 조금만 참어, 씨파! 기똥찬 돈벌이가 있다구!
깡쇠주에 신경흥분제 한 움큼 먹이고, 뼈 부서지는 아픔
그 아픔만큼 진한 최면, 온몸 배어들게 하지
옛날에는, 오랜 망설임과 주저 끝에 구르는 차바퀴
밑에 다리를 집어넣곤 했는데, 오늘에는
일말의 체념도 없이, 허기의 핵 같은 약물에 취해
어처구니없이 자해 공갈단이 된 이 사람,
일확십금에 인신매매된 이 사람
붐비는 시장 네거리에 쥐새끼처럼 웅크리고 있다가
인파 사이를 미꾸라지처럼 빠져나가는 오토바이 자가용에
교묘히 부딪치게 만들지, 비키니섬의 거북처럼
방향감각을 잃어버린 이 삶의 궤적, 제 생의 지름길로 삼는
꼭 광주를 생각나게 하는 이 녀석, 햇살 아래
허연 해골로 떠오른 거북의 시체 같은, 똘만이 몇 명 거느리고

온갖 회유와 협박으로 뜯어낸 돈, 입술에 침도 안 묻히고
혼자 꿀꺽하지, 저 유문협착(幽門狹窄)의 해골 뱃속으로 기어 들어가는
앙상한 뼛골 더 하얗게 표백하는 일용할 양식을 좀 봐!
무허가 여인숙에서 겨우 고픈 배만 채워주고, 미끼 삼아
다시, 부러진 상처 아물면 이번엔 성한 쪽 팔다리
부러뜨리자고, 뱀의 혀 날름이는 눈의 칼자국 흉터
꿈틀거리지, 깡쇠주와 러미날을 음료수와 과자처럼 씹으며
땅 꽂을 삽이 없어, 벽돌작업하러 온 빈혈의 몸, 사지 부러뜨려
풍뎅이꼴이 되면, 거침없이 거미집으로 침 뱉어버리지
다시, 사육의 벌레를 찾아 칼자국 날름이는 애꾸눈 부릅뜨고
녹십자 채혈병원, 일일취업소 주위를 배회하곤 하지
만약, 이 녀석에게 권력을 쥐어줘봐! 이번에는 민중들의 팔다리를 몽땅
아니, 모가지까지 부러뜨려 제 약탈의 왕국을 살찌우려 할걸!
바이킹이라는 별명의 이 녀석, 내 배고파 양의 모습으로 떠돌 때

늑대의 그림자로 따라다니던―.

＊벽돌작업 : 매혈의 은어.

그림. 어디서 본 듯한, 그러나 본 적이 없는……
―올가에게

> …… 무숙자를 위하여 행인들로부터 동냥을 받아
> 임시 야간숙소를 마련해준다고 한다.
> …… …… …… …… …… ……
> 그러한 방법으로 착취의 시대가 짧아지지 않는다.
> ―브레히트

너는 보았다고 했다.
혁명에 성공한 노동자들이 카페에서, 싱싱한 거품 넘쳐흐르는
맥주잔 높이 들고, 기쁨에 취해 있을 때
그들이 먹다버린 고기 뼈다귀를 주워 핥으며, 그 뼈다귀같이 앙상한
사람,
술탁자 밑에 엎드려, 그 축배의 모습을 부러운 듯
퀭한 해골의 눈으로 올려다보고 있는 그림을.

보는 순간,
온몸 소름이 끼쳤다고 했다. 벌건 대낮에
홍두깨에 뒤통수를 강타당한 것 같았다고 했다.

장엄한 불란서 국립미술관, 그 눈부신 명화(名畵)들 중에서
유독 너의 시선, 너의 발걸음을 옭아맸다는 그 그림,
파리 꼬뮨이 있는 파리에서 전해온
너의 메시지.

척추를 꿰뚫고 내 머리통에 비수처럼 꽂혀 있다.
나는 그 화가가 누구인지 모른다. 국적도, 제목도 모른다. 그
러나
너의 얘기를 듣는 순간, 어디서 많이 본 듯한 그림의 영상,
너무도 선명히 떠오르는 인물과 색채와 술집 안의 풍경—.
어디서 본 적도, 상상조차 해본 일이 없는데……

싱싱한 웃음 넘쳐흐르는 노동의 잔, 높이 들어본 적이 없는
우리들의 땀
버려진 뼉다귀가, 그 뼉다귀를 핥으며 살아온 기억뿐인
가난 속에서
서울 꼬뮨을 그리고 있었던 것일까, 내 무의식은…… 그렇
다면

내 폐부에 손톱을 꽂는 저 탁자 밑의 뼉다귀는 무엇인가.

개에게 생선뼈를 내밀듯, 그 그림의 세계가 내 앞에 던져지던 날,
이 땅에는, 골리앗 크레인의 목이 쉬고 있었다.
울부짖음의 불꽃에 싸여, 또 하나의 목숨이 떠나가고 있었다. 그 위에
오버랩되는 그 그림, 그 뼉다귀!
인간의 바깥에는 유토피아가 없는 것일까, 친구여
그것은 인간 속에만 존재하는 것일까?
그러나 우리는 골리앗 크레인의 팔뚝으로 노동의 잔을 높이 들어야 한다.

소금꽃은 비계를 먹지 않는다.

어떤 사냥개에 대한 기억

돌연, 그는 연탄 배달꾼이 되었다. 한동안 행방불명이었던 그가. 어느 날, 후줄근한 예비군복 차림의 빡빡머리로 불쑥 나타나더니, 마치 파킨슨병에 걸린 권투선수처럼, 멍청히 며칠을 골방에 구겨박혀 있다가, 갑자기 탄가루 시커먼 작업복 뒤집어쓴 채, 리어카를 끌며 창신동 비탈길을 오르내리기 시작했다.

모두가 갑작스런 그의 변모에 어리둥절해했다. 창녀들의 오라비였으며 건달들의 왕초였던 그가, 연탄 배달꾼이라니! 사람들은 수군거렸다.
삼청교육이 좋긴 좋군, 그저 인간 못된 놈하고 명태는 작신 조져야 한다니까!

동네 싸움에도 비실비실 몸을 숨겼다. 어떤 시비에도 똥개처럼 꽁무니를 사렸다. 똘마니들의 비웃음도 못 본 채, 연탄지게 가득 침묵을 지고 꺼먼 탄물의 땀방울만 뚝뚝 흘렸다. 사냥개라는 별명의 주먹잽이였던 그가.
저 사람, 당하긴 된통 당한 모양이구먼. 어떤 이는 혀를 끌끌 차곤 했다.

몸의 용 문신에는 염산을 뿌렸다. 밤이면, 뉘 모르게 허연 거품 물고 지글지글 타오르는 살, 이 악물고 가슴 깊이 박힌 용의 발톱까지 뿌리뽑았다. 먹구름 휘감아 도는 비천(飛天)의 용틀임, 끓는 염산에 지워진 자리, 지렁이꼴의 흉터만 흉한 몰골로 꿈틀거리고 있었다.

그리고 그저 땀만 흘렸다. 어두운 광 속, 부엌 구석에 검은 몸 웅크리고 연탄만 쌓았다. 주먹이 없으면 병신 취급당하는 이 적선지대에서, 그는 서서히 잊혀져갔다. 내 기억의 헛간에도 그가 배달해놓은 망각만 시커멓게 쌓여 있었다.

그러나 그 망각의 길에서 나는 보았다. 주인의 포획물을 물어오기를 거부하고, 그 포획물과 한몸이 되어 있는 사냥개의 눈빛을. 시장 경비원이 노점의 좌판을 패대기치고 있던 그때, 할머니의 초라한 울부짖음의 사과 몇 알, 바퀴벌레처럼 짓밟히고 있던 그때. 사냥개의 이빨에 멱살을 물린 경비원은 쥐새끼처럼 구겨져 있었다.
그 눈빛은
아궁이에 숨어 우리 가난 따뜻이 덥혀주던 그 연탄불꽃이었다.

미꾸라지의 꿈

　미꾸라지 용꿈 꾸고 있네, 라는 말 있죠?
　미꾸라지 용 됐네, 하는 속담도―. 그러나 용이 된 미꾸라지 본 적 없죠?
　뭐? 내 정자(精子)가 미꾸라지라고? 어처구니없어 하는 용의 얼굴이 보일 것 같죠?
　미꾸라지 용 됐네, 하는 이 말. 도저히 높은 곳에 오를 자격이 없는
　종자가
　어쩌다 높은 자리에 앉았을 때, 도저히 용이 될 수 없는 자들의 선망과 질시 섞인
　자기비하의 빈정거림, 맞죠?
　에그― 인간 못난 놈, 여직 돼먹지 못한 헛꿈에 취해 헛침 흘리고 있다니, 쯧쯧
　미꾸라지 입으로 혀만 차시면 속이야 편하겠지만, 그럼
　미꾸라지는 누구이고 용은 무엇이죠? 이 시대의
　용은
　돈과 권력, 맞죠? 돈과 권력이 없는 자는
　미꾸라지, 맞죠? 고로

미꾸라지는 용이 될 수 없죠?
그런데 감히 미꾸라지 주제에 용의 꿈을 꾸다니! 지랄탄이 지랄발광(發光)을 하는
  오늘, 온몸 석유 끼얹고 인간봉화가 타오르는
  오늘, 용은
  용이 될 종자가 따로 있고, 미꾸라지는
  미꾸라지의 씨가 따로 있는데, 이노옴, 네 꼬라지를 알앗!
  흙탕물 뻘 속이 제 집이거늘, 그 초라한 대가리에 뿔을 꽂고
  가소로운 몸뚱이에 칠갑을 입히려 하다니! 이 서슬 푸른 용의 분노 앞에
  언제나 사상누각만 지을 수밖에 없는 미꾸라지의 꿈.
  그러면 과연 미꾸라지는 용이 되기 위해 울부짖음의 곡괭이, 시멘트 무덤에 꽂고 있을까요?
  승천을 위해 이무기의 몸부림을 치고 있을까요?
  (오, 저주 있을 이 지배논리의 명징한 계급의식)
  아니에요, 용도 없고 미꾸라지도 없는 세계를 찾아 빗줄기 하나에도
  목을 매달고 있어요.

그래요. 미꾸라지의 용꿈, 가치도 없는 존재의 두려움!

제3부

해질 무렵

또 썰물이다. 가슴은
감옥으로 견고히 비워지고 있다.
오늘도 나는 집을 지었다. 내 몸에서
무너져간 무수한 세월이 그랬던 것처럼
삽 꽂을 땅을 찾아 그 긴 부랑이 그랬던 것처럼
셀 수 없이 벽돌을 져 날랐으며, 온몸
함마가 되어 벽을 허물었다.
땀방울마다 총칼 세워 황사 자욱한 공사장을 포복했다.
그러나 집 지을 때마다 오직 돈의 표정으로만 남는
집 주인의 얼굴, 혁명처럼
그 얼굴 아무리 바뀌어도, 내 손에 쥐어진 몇푼의
사상,
저무는 땅 위에 무허가 판잣집만 세우고
가슴 쩍쩍 갈라지는 땡볕 아래
약속된 꿈은 내리지 않고, 하늘에는
구름, 죽은 동물들만 흰 뼈를 덜그럭거리며
사막을 횡단해가고……
지금 어둠이 내리고…… 나도 혁명을 꿈꾼 것일까

땀방울의 총칼로 돈의 표정을 내 얼굴에 세우려 했던 것일까
이렇게 억장을 무너뜨려 절벽을 짓고 있는
해질 무렵이면
자꾸만 수인(囚人)의 발걸음을 닮는 것은

우화

어쩜 이렇게 무거울까, 망할 놈의 소금 가마니
우물에나 떨어질 요강단지 같으니라구!
내가 평생 흘려야 할 땀의 무게만큼 무거워
전신을 비틀어 짠 살의 즙액 같구나, 방세 밀린 일셋집
그 마귀할멈 얼굴을 고렇게도 쏙 빼닮았을까
저 고삐 쥔 주인, 이 먼 길에도 조금 늦출 생각도 않다니!
호박덩이 같은 볼록배를 걷어차버리고만 싶어, 미친 척하고
그러나 고삐를 끊을 순 없지, 내 밥줄이니까
아, 햇살마저 저주스러워, 푸른 하늘
싱그런 풀잎까지 온몸 채찍으로 감겨오는구나
허리가 끊어질 것 같아
이러다 내 생의 척추가 무너지고 말지
목적지에 이르기도 전에 무허가 판잣집마냥 폭삭 주저앉고 말지
  저 냇물을 어떻게 건넌담, 징검다리도 없는 내 삶
  저 깊은 급류의 세월을 어떻게 건넌담
  바닥의 돌자갈들이 넋의 발목을 자꾸 꺾는데
  제발, 고삐를 마구 잡아당기지 말아요

난 물고기가 아니란 말요, 비록 일당에 코뚜레 꿰어 있지만
고삐만 잡아당긴다고 박힌 돌자갈이 뽑히는 게 아니란 말요
우, 우 미끄러워, 그만 물이끼를 밟고 말았어. 내 탓이 아냐
분명 그놈의 고삐 탓이라구!
녹아 쪼그라든 소금 가마니, 당신 몸에 넝마로 걸쳐진 것도

그렇게 가벼울 수 없지? 그 솜 가마니
바람에 부풀어오르는 들판의 상큼한 치맛자락 같지?
마치 나래를 단 것 같네, 창밖에 잠수교도 보이지? 잠수교 너머
영자의 분홍빤쓰도 보이지? 라라 콧노래 부르며
네 놈이 또 꾀를 부릴 것이란 걸 난 다 알아
네 놈의 스트라이크, 그 파업에는 이제 진절머리가 난다구
뭐, 우습다구? 너무너무 재밌다구? 제까짓 게 주인이면 주인이지
네 삶의 임자는 아니라구? 좋아!
나체가 보고 싶지? 저 분홍빤쓰 벗기고 싶지? 아, 물속의 나신, 얼마나 싱그러울까

저 냇물, 박힌 돌자갈, 그 미끄런 물이끼 일부러 밟을 줄 난 다 알아, 네 뼈의 지게에 얹힌
이 짐, 조금이라도 가볍게 하고 싶어, 이 고삐 더욱 세게 잡아당기면.
아무리 영리한 척해도 넌 어리석은 당나귀야
아무리 몸부림쳐도 내 고삐 빠져나가지 못할 당나귀 새끼라구!

자, 냇물이 흘러왔어, 어디 빠져보시지?

부록, 로트레아몽에 의한 변주

일생토록 어린 여공은 어린 여공으로 살아 있어야 한다. 결코 어른이 되어서는 안 된다. 세상을 향한 눈이 열리게 해서는 안 된다. 조출과 철야의 씨줄날줄 튼튼히 새장 엮어, 모래를 씹게 하면서 땀의 노래를 부르게 해야 한다. 그 부드러운 머릿결을 짚북데기가 되도록 쓰다듬어주면서, 세상에서 가장 그윽한 미소를 이마 위에 얹어주는 것, 아! 얼마나 황홀한 순간인가. 그 몰아의 순간에 손톱을 박아넣어야 한다. 가슴속, 길고 긴 손톱을 박아 피를 빨아먹어야 한다. 손톱의 미소로. 그 어린 여공이 죽게 해선 안 된다. 그녀의 여리고 가냘픈 땀의 비참한 노래를 즐길 수 없게 되리니, 만약 그 어린 여공이 커서 건방지게 노동법을 들먹이며 반항에 눈뜨게 된다면 그 미소로 보이지 않게 흔적 없이 세상 밖으로 솎아내야 하리니……

그들은 더 이상 여기 살지 않는다.

감방에서의 사색

저 범털의 털을 뽑아 개털의 몸에 꽂으면 개털도 범털이 될까

감방을 홍콩으로 만들어주는 그 짜릿한 담배 한 모금, 범치기 하기 위해

쌍방울 팬티마저 벗을 때, 유유히 감방 복도를 날아다니는 비둘기
십오 척 담을 넘어 올리브잎을 물고 오는 마게비

더운물로 목욕을 하고 범털들, 돈의 다리미질로 수의(囚衣)를 주름잡고 뻐길 때

개털들, 가다밥을 씹으며 뺑끼통 옆에 찌그러진다. 씨팔, 더러워 못살겠다고

바둑돌이라도 깨어 제 배때기를 그으면, 원래 악다구니의 창자가 기어나오는 상처에는
소금을 뿌리는 법

곤조통 네 놈 죽어봤자지 뭐! 나무 코트 입히면 옷걸이 끝내주겠는데, 낄낄거리며

오분 대기조 특공대는 번개작전으로 이 어처구니없는 몸부림에 헤라클레스를 채운다.
유전무죄를 외치는 아구통에 방성구를 틀어막아 뼈가리통에 처박아버린다.

고요하다. 붉은 벽돌담이 흰색으로 칠해진 이곳

범털들, 멀쩡한 몸 병사(病舍)에 누워 포도당 링거를 꽂은 채 오수를 즐기고 있다.

저 잠든 범털의 코털이라도 뽑고 싶어, 재채기에 물려죽어도, 개털들

아, 물려죽어도……

에이즈를 위하여

누가
항문으로 날 낳았나요. 빈민굴 뒷골목
이 인분만 지나다니는 길에, 씨 뿌려놓고
독버섯으로 돋아난 저주를 왜 이를 가나요.
그래요, 당신이 날 낳지 않았을 때의 그 무명 요람 속이
그리워요. 네온불빛, 이 붉은 손톱 살 파고드는 세상에서
배고픔이라는 이름으로 장인(匠人)의 칼날 아래
기형(畸形)의 돌연변이 모습으로 만들어놓고
무엇 때문에 인적 끊긴 밤의 처마 밑에 절 버렸나요.
폐부를 짓씹어 피어 올리는 흐느낌, 세상 가득
찬비 내리게 하나요.
그 빗방울 방울 돋아나는 송곳니,
세상의 목줄기를 향해 돋아나고 있어요. 피가 그리워요
살을 채울수록 더욱 허기지는 영혼의 공허, 몰랐나요? 굶주
림은
언제나 돌연변이의 생의 모태인 것을—.
제발, 빛의
상여를 보내주세요. 내 넋의 빈민굴에서

감기에도 힘없이 죽어가도록 당신의 피를 썩게 하기 싫어요.
햇살의 살갗에 검버섯을 피우기 싫어요.
봐요, 지금도 자라고 있는 송곳니,
하늘 가득한 겨울비를……

그 굶주림의 모태, 허기의 홍수 위에 방주처럼 띄우기 위해.

재생원(再生院)에서

> 인간이라니, 그게 무슨 뜻이지요?
> 자유라는 거지!
> ─니코스 카잔차키스

자궁 속에서 이미 늙어버린 태아였지.
뿌리가 없어
버려진 몸 다시 태어나게 해준다는 이곳,
끌려올 때는 물론 우린 수염난 정충들이었지만…… 그 어떤 빛도
이 부랑자 수용소, 그 포만된 밤의 배에 제왕절개수술의
메스를 꽂아주지 않았어. 햇살은
칼을 쥔 자의 칼날이었을 뿐, 우리 0.05㎜의 꿈이 파고든 난자는
정부미에 쓰레기국 한 그릇, 그리고 칼잠을 자야 하는 시멘트의 방
희망 **빡빡** 깎인 대가리 들이민, 잿빛의 제복에
온몸 땀 다 짜주면, 부모미생전(父母未生前)의 얼굴을 한
원장님은 지그시 아침의 손 내밀며, 왼종일
강제노역으로 짠 밤의 누더기를 펴주었고, 뼈마디마다

피고름 양수 고인 인간개조의 뱃속에 누우면
―우리는 범신론자
시든 풀잎에도, 떠도는 빗방울에도 두 손 모았지.
아무도 몰래…… 작업장에서 훔쳐온 녹슨 의식의 못
시멘트 바닥에 갈고 갈아 열쇠를 만들면, 밤은
어김없이 탈출의 길의 목에 도끼를 내려쳤지.
그러나 목을 잃은 등뼈, 더듬이가 되어
서로의 가슴속 한줌의 체온, 불빛을 찾아헤맸지.
돌아날 때마다 사육의 가위에 잘려지던 속날개, 잘릴수록
끊임없이 돋아나던 구원에의 외침, 푸른 하늘
아무리 나래 쳐도 깨어보면 그 자리, 철조망의 조롱 속이던
이 끝없는
환상방황 속에서도, 이 한줌의 알몸 모닥불이 켜지면
별빛마저 철조망으로 우거진 내 가슴속의 그 무성하던
겨울밤이 지워지고, 쇠창살 갈비뼈만 앙상한 방
그 굵은 체념의 자물통에는 어느새 열쇠가 꽂혀 있었지.
실낙원, 그러나 우리들의 양지(陽地)로 가는 길이 보였지.

황사바람

황사바람이 부네
사월인데
햇살이 두 손 모아 진달래 꽃잎 떠올리는 사월인데
풍토병처럼 또 황사바람이 부네
거푸집을 짓고, 철근의 뼈를 세우고
건조한 콘크리트의 꿈을 세우기 위해
땀 흘리는 여기, 잡부의 땅
아무리 땀 흘려도 전신 피멍 들이는 골병이듯
황사바람이 불어
그 황사바람 속에 서면
식민지 땅의 아픈 신음의 무늬처럼
내 얼룩지네
이 땅에 줄 거라곤 몸밖에 없어
가진 것이라곤 빈 몸뚱이밖에 없어
그 아픔의 무늬 지워줄 수가 없네
내 살로 거푸집을 지을 뿐이네
내 뼈로 철근을 세울 뿐이네
핏빛 낙인으로 뚝뚝 떨어져내리는 우리들의 봄

콘크리트의 기억으로 황토에 수놓기 위해
오늘
황사바람이 부네
식민지 땅의 아픈 신음의 무늬처럼
내 얼룩지네

빈민일기 1

바람이
가난의 몸, 깡통차기 한다고
등뼈를 뽑아
스틱 만들어, 동토(凍土) 위에서
굶주림의 텅 빈 대가리, 아이스하키를 한다고
기차는 덜컹거리며 바퀴를 굴리고……

무임승차를 한 삼등객차, 검표원이
절망처럼 다가올 때면, 화장실에 숨어
텅 빈 몸, 들키지 않으려 얼마나 애탔던가
또 그 밀폐감이 주는 아늑함, 지린내 고인 희망
속에 묻혀, 급한 노크 소리에 얼마나 가슴 덜컥거렸던가

그러나 쉬임없이 바퀴는 덜컹거리고, 덜컥일 때마다 쩌억쩍
금이 가는
세상, 저 시멘트의 벌판, 서울은
콘크리트, 제 응고의 힘으로 스스로 살을 찢고
흙의 숨결을, 풀씨의 그 여린 삶의 뿌리를 포옹하고 있다고

믿었지. 무작정 상경의 눈멀고 귀먼 마음은. 오늘도.
집게의 등을 오르는 말미잘처럼.
서울역 광장에 서면, 가슴을 관통해가는
그 허공, 인신매매꾼이라고 돌팔매질하지 않았지.
붉은 매니큐어 손톱, 도시의 불빛
부패한 뚜쟁이의 웃음이라고 생각하기 싫었지. 말미잘을
삶의 터로 데려가주는 집게여, 그 집게의 등에 올라
온몸의 촉수란 촉수 다 뻗쳐, 집게의 적을 물리쳐주는
말미잘이여

내 촉수, 삽과 곡괭이로 지은 판잣집, 그러나 결코 공생(共生)
의 땅일 수 없는
서울, 또 철거계고장의 바람은 불고
그 허망의 동체에 실려, 다시 이삿짐을 꾸리고 있노라면
가슴 밑바닥에는
무임승차의 바퀴 끊임없이 덜컹이며 굴러가고, 쩌억쩍 균열
이 지는
양동 가는 길, 검표원은 자꾸만 다가오고……

지게가 바라본 지게꾼에 대하여

넌 왜 늘 해면체처럼 흐느적이기만 하니
야! 오징어도 뼈가 있다구
햇살 바른 담벼락, 전봇대에 기대앉아
널 가슴에 담고 있다 보면 꼭
폐원의 메마른 포도나무같이 앙상해, 네 몸은
말라비틀어진 네 꿈의 줄기, 내 사지에 얽혀
난 수의(囚衣)에 싸인 죄수꼴이라구!
내 품속은
배고픔이란 이름의 장인(匠人)의 작업실이 아냐
지금도 이 아스팔트 바닥을 뚫고 뿌리내려
열 손가락 흙의 젖가슴을 파고들어
흐린 비 망막에 저 과원의 고운 햇살과 바람에 익은
그 까아만 포도알 같은 눈동자를 열게 하고 싶지만
나도 이미 뿌리 없는 각목이 되어버린 걸 어떡하니 그러나
너를 볼 때마다
나를 끌어안고 꿈틀거리는 네 꼬라지는 꼭
배고픔이란 이름의 장인(匠人)의 칼날이 스쳐간
조각품 같아

기형(畸形)의 몸뚱이를 비틀고 있는, 수몰촌의 농구(農具)처럼
넌 왜 날 두들겨 부숴버리지도 못하니
계란으로 바위 내리치듯, 세상이 네게 물려준
이 빠진 이깐 밥그릇 하나 네 생애 밖으로 내팽개치지 못하니
천 개의 땀방울에 동전 한 닢 던져주고 시침 떼고 있는
저 세상의 가슴을 향해 자폭하지 못하니
나를 벗으면 해파리가 되는 네 밤의 귀갓길
저 양동, 어둠의 골방 속으로 스며드는 허망의 그림자를 볼 때마다
내 넋의 세포를 내 악다구니의 손톱으로 떼내어
무화(無化)시키고 싶단 말야, 혼돈처럼. 농담 아냐
비록 내 원목의 혼이 가지 잃고 뿌리 잘려 제재소에서
잘 구획지어진 사고의 각목으로 다시 태어났지만
너만 보면 잘려진 내 뿌리가 이갈려
뜯겨나간 내 가지의 꿈, 푸른 잎새가 너무 그리워

르포·저녁 이야기

저녁 밥상은 평화입니다. 초라하지만
진종일 온몸으로 묻혀온 꽃가루, 품삯의 향연입니다.

그 밥상 미뤄놓기도 전에 갓 입학한 딸아이, 쪼르르
가정 통신문을 펴듭니다. 아빠, 직업란에 뭐라고 쓰게?

아빠는 난감합니다. 뭐라고 말해줘야 저 천진한 얼굴
그늘이 지지 않을까……

─마, 운전수라 캐라
─운전수? 무슨 운전순데?
─음…… 그래, 벤스 운전수라 캐뿌라
─벤스가 뭔데?
─음…… 벤스는 말이다. 산꼭대기도 올라가는 차 아이가,
높은 빌딩도 막 올라가고 길을 질러 건너가도 교통순경도 못 본
척하는 그런 차다. 또 시장 복판을 지나가믄 사람들도 다 비켜
주는 그런 차 아이가.

순간, 딸아이의 눈에 반짝 불이 켜집니다. 어두운 벌집 속의 이 작은 방 한 칸에 발그라니 꿀물이 배입니다.

그때, 부엌 쪽문이 왈칵 열리면서 마누라의 퉁명스런 걸레 뭉치가 날아듭니다.

― 얼라한테 조은 거 갈친다! 차라리 빤스를 타고 다닌다 카소, 빤스!

부서진 지게처럼 온몸 웅크리고 벽 쪽으로 돌아누운 지게꾼 아빠,
아무리 눈감아도 이명이 들립니다.
빈민굴의 악쓰고 부서지는 소리, 자장가만 아득히 들려옵니다.

매미 울음

아직은 어둠의 자궁 속에 누워 있겠다 그러나
미라는 되지 않겠다 꿈틀거리겠다
그 꿈틀거림의 삽질로 허물 벗겠다
한꺼풀씩 애벌레의 의식 껍질 벗기겠다
저 푸른 하늘 날아오를 나래를 위해
우리의 넋, 그렇게 힘줄 푸른 근육 입히겠다
단 7일간의 생이 앞에 놓여 있다 해도
7년간의 긴 세월, 흙속에 파묻혀 있겠다
온갖 화사한 무늬 박힌 햇살의 손짓 따라
무작정 이 어둠의 집을 버리면
아직 연약한 살결의 의지는 타버리고 만다
그래, 끊임없는 허물벗기의 삽질과
땀과의 교직만이
우리 뜨거운 여름을 건져올릴 그물을 지을 수 있다
지금 세상은 윤유월 땡볕이 끓고 있다
하늘 빗방울 소식 한 점 없이
가뭄에 가슴의 땅이 쩍쩍 갈라지고 있다
그러나 이 폭력만이 그물에 구멍을 뚫는 것은 아니다

고문 기술자는 독버섯처럼 우리 가슴에도 숨어 있다
그래서 지금은 어둠의 자궁 속에 누워 있을 때
그 밤의 얼굴, 폐부에 문신으로 새기며
나래를 만들 때
이 땅의 메마른 입술 적시는 빗방울, 그 분신으로
단 한 번 내 노래 타오를 수 있다면
그 나래, 황홀히 가을볕에 말라 바스라질 때까지

어처구니없는 꿈의 기록

청자의
비색(秘色)을 얻기 위해 제 몸 불사르는 도공이고 싶었다
거푸집을 짓더라도

손때만 묻어도 제 마음 부숴버리는 장인(匠人)이고 싶었다.
블록벽을 쌓더라도

그러나 왜 혼신의 넋이 깃들지 못할까, 우리 일터
여명의 한 줄기 고삐에 코뚜레 꿰어 끌려가는 새벽길
석양에 삽의 눈빛만 그렁 젖어 돌아설 때, 몸 허무는 그림자처럼
서 있는 이 시대의 골조, 내 땀방울의 무덤
뼈 앙상한 품삯의 손길로 지친 육신 하나 추스를 수 없어
내 꿈, 아무리 철근 엮어 튼튼히 콘크리트를 입혀도
가슴이 벽돌 하나로 쌓이지 못해 자꾸만 허물어져내리던 하루여

그대는

긍지의 아궁이에 삽자루 불 지필 때
저 풍요의 청아한 가을 하늘을 얻을 수 있다고
흐르는 땀방울 불씨 모아 더욱 꿈 달굴 때
사람의 우아한 자태를 닮은 그릇을 빚을 수 있다고
온갖 분진과 화물차의 굉음으로 속삭이지만

버짐 핀 허기의 살갗에는
어떤 빛도 각인되지 않던 것을
부릅뜬 두 눈엔 노을만 핏발로 젖어 흐르던 것을

이 저녁
그 노을에 잿빛 옹기로 구워져 우리 땀 흘리는 모습
처마 밑에 웅크려, 가슴에 빗물이나 받다가
바람의 발길질에 깨어질 때마다, 두 주먹 불끈 쥐고

제 몸 불사르는 도공이고 싶었다
제 마음 부숴버리는 혼신의 넋이고 싶었다

벽돌을 쌓으며

줄을 튕긴다. 수평을 잡아줄
기둥과 기둥 사이, 저 벽과 이 벽 사이
수평선이 보였으면 좋을 텐데……
어떤 수평자도, 숙련된 눈짐작도
살아 있는 수평선의 선을 닮을 수 없지.
고운 체로 사모래를 치던 이씨, 멍하니 먼데를 보고 있다.
녹슨 양철 지붕과 시커먼 공장 굴뚝 솟은 구릉이
관자놀이를 꿈틀거린다.
벽돌짐을 진 김군은 잔뜩 허리 굽혀 아나방을 타고 있다.
눈을 가로막고 사선(斜線)을 그으며 흐르는 아나방 구멍마다
저 공장지대 너머 산비탈의 판잣집들이 촘촘히 박혀 있다. 누에고치처럼……
벽돌을 놓는다.
못생기고 보잘것없는 이 시멘벽돌도 모여 쌓이면
벽이 된다.
아니, 나는 지금 집을 짓는다.
어느 가정의 오붓한 둥지를 짓고 있다. 다시
수평선의 선을 확인한다. 한 치의 오차도 끝에 가서는

깊은 간극을 열어 붕괴의 조짐을 만든다.
등에 땀이 솟는다. 벌써 키만큼 높아진 벽
바깥의 풍경은 차단되고, 견고한 내부
도시, 언덕 위의 삼층 양옥집
이게 우리 꿈의 골격일까, 벽돌을 쌓는다.
사모래가 떨어졌는데, 또 이씨는 멍하니 먼데를 보고……
벽돌짐을 진 저 웅크린 모습, 아나방 구멍 속 애벌레 같다.
다시 수평선의 선을 고른다.
살아 있는 수평선이 보였으면 얼마나 좋을까……

꼬꼬댁 섬섬옥수

질통을 지고 아시바를 탈 때, 등을 굽힌 모습
꼭 모이를 쪼는 닭을 닮았다고
꼬꼬댁이라 불리는 그녀, 뭐라꼬예?
내 손도 포장마차 술안주 닭발 같다고예? 맘대로 놀리이소마!
구멍 뚫린 쇠발판을 딛는 그녀 장딴지는 투덜거렸지만
삽질을 할 때마다 팔뚝은 불퉁거렸지만, 내 새끼들
내일의 무덤 같은 모래 자갈더미에 삽 꽂으며
살아온 세월, 차곡차곡 벽돌짐 쟁기며 변해버린 손이지만
엉경스럽게 남의 것 탐하지는 않았심더! 내 몸
아무리 뼛골 숭숭한 삼태기처럼 낡아가도예
내 복이 아이믄 남 밥그릇 곁눈질도 주지 않았단 말입니더!
채석장의 낙반이 그녀 문딩이를 하늘로 옮겨가버린 후
가슴에는 닭의 모래주머니마냥 모래만 쌓여도
아이들의 몫으로 알곡은 따로 쟁겨두며, 두 다리
더욱 악착스레 땅을 움켜쥐었던 꼬꼬댁, 새참으로 나온
빵과 우유봉지, 남몰래 도시락 보자기에 숨겨두고
찬물로 입가심하며 헛트림을 할 때
우리 모두 꼬꼬댁이라고 놀리는 그녀 앞에

이놈의 우유 먹었다 하면 설사만 나데, 슬쩍 눙치며 밀어놓는
그런 날, 그녀의 야물진 삽질에 성긴 체에서 쏟아져내리는
사모래는 더욱 고왔지.
질통에는 모래가 고봉으로 소복했지.
해질 무렵이면
알 수 없는 어스름이 가슴 가득 차오르는 해질 무렵이면
칵! 쇠주 한잔에, 그녀의 푸짐한 장딴지 한입에 뜯고 싶다고
소주처럼 명징한 슬픔의 이빨로 농지거리를 씹으면
아임니더! 고 누룽내나는 입으로는 맛 모릅니더,
요 닭발, 빠알간 루주 바른 입으로 오독오독 씹어보이소마!
고소한 맛에 오금이 다 저릴 테잉께예, 하며
덧니 상큼 웃는 우리 모두 꼬꼬댁이라고 부르는 그녀
오늘도 가슴에 모래주머니 매달고 아시바를 오른다.
제 삶처럼 구멍 숭숭 뚫린 발판 아득아득 밟으며.

개같은 날 1

산비탈의 판자촌은 서울의
발가락 새 무좀처럼 피어 있더군
우리는 가려운 환부를 긁는 손톱처럼 달겨들었지
그들의 아우성은 골목마다 양철 문짝
철조망 몇 오라기로 바리케이트를 치고 있었어
변소에서 퍼온 똥물 바가지로 무장을 한 채—
냄비 투구 쓰고 세숫대야 북치는 조무래기도 보였어
날아오는 돌멩이는 그들의 뜨거운 심장 같았지만, 전경들은
그 몸부림을 지랄탄 몇 알 먹여 잠재우데
우리는 손에 함마와 지렛대를 들고 몰려갔지
그들의 야윈 늑골로 엮어진 판잣집들,
폐부의 즙으로 이겨 바른 바람벽만 허물어버리면
삭아가는 기둥의 목에 밧줄 올가미 걸지 않아도
손쉽게 척추는 무너져내리더군
판자쪽 하나라도 건지게 해달라고 눈물범벅의
그 몸부림에 주춤거리면, 댓빵의 눈에 핏발이 켜져
피가 흐르도록, 시원하게
붉은 피가 흐르도록 긁어댄 자리, 철버덕

주저앉아 땅을 치는 울음은 무좀균의 꼬물거림일 뿐
더러는 술값의 고물구리를 얻기 위해 전기선을 뭉치고
떨어진 물건들은 슬쩍하면서, 구청 직원이
나눠주는 일당에 이 하루를 안도하며
울부짖음의 먼지 자욱한 폐허를 뒤돌아서면
우리를 기다리는 것은 지하도, 양동 골방
철거촌의 부서져 흩어진 잔해처럼 몸 오그리고 밤을 지새웠지
새벽이면, 또 어느 일당에 몸 팔러 가기 위해
넋은 아무리 철거되어도……

지게에 대한 명상

감옥이었으면 좋겠다
세끼 밥, 누울 잠자리가 있는 벽돌담이었으면
절망의 바리깡에 대가리 빡빡 밀고, 맨대가리로 하늘 우러러도
푸른 수의(囚衣)였으면 좋겠다

바람의
함마질에 내 몸,
무허가 판잣집으로 철거될 때
너는 풀잎 하나로, 내 넋의 폐허 위에 떠올랐지만
부서져 흩어진 마음의 판자쪽 줏어모아, 삶의 변두리
이 청계천변에 가건물을 지어주었지만

흐르는 땀방울은 왜 덫이 되어 목을 조를까
짐, 척추를 휘이게 하는 꿈의
이 짐, 무거우면 무거울수록 더욱 깊이 허리 굽히며
달팽이처럼, 내 등에 지워진 세상
온몸으로 꽃피워 올렸는데
꿈틀대는 근육은 왜 부끄러워 무릎 사이에 얼굴을 묻을까

지게여
저 붉은 벽돌담 무너뜨릴 망치일 수 없다면
풀잎이여
허망의 쇠창살 뜯어낼 지렛대일 수 없다면

차라리 감옥이었으면 좋겠다
세끼 밥, 누울 잠자리가 있는 푸른 수의(囚衣)였으면 좋겠다

개같은 날 2

나는 개였다.
빌딩이 허공의 엉덩이를 찌르는데
공장의 굴뚝들이 하늘의 턱에 주먹질을 하는 서울인데
시장에, 거리에 저렇게 물신(物神)들이 넘쳐흐르는데
허기의 끈에 목줄을 맨, 품삯의 뼈다귀에 침 질질 흘리는
오뉴월, 비루먹은 개였다.
어떤 밥을 먹어야 사나.
굶주려도, 차라리 서울역 남산공원에서 난장을 꿀려도
개밥은 먹지 않아야 하나
오늘도 구청의 댓빵들은 15,000원짜리 뼈다귀를 내밀며
양동의 개들을 홀리고 있다.
방세 하루치만 밀려도 마귀할멈으로 변하는 주인 뭉치
지하도에서 후리가리의 발길질에 넋의 척추가 부러져도
눈썹 하나 까딱 않는 서울,
내 배고픔의 거리에 쓰러져 신음할 때
물 한 모금 부르튼 입술 적셔주는 이 없는 시멘트 벌판에서
아, 저 구수한 생선 뼈다귀 냄새 어이하나
냄새 코를 막고 뼈다귀 쥔 손을 물어뜯어야 하나

일일취업소의 철제문이 떨어지는 아침이면
목 잘려 거리에 뒹구는 이 하루,
감방의 철문도 너무 낯익어, 니 또 왔나? 와, 바깥에는 잘 데
가 없드나?
부끄러워, 얼굴에 아무리 철판을 깔아도 철문 보기가 민망해
염치없이 가다밥 좀 씹자고 또 빈대 붙을 수도 없어
눈먼 손에 쥐어주는 함마, 산비탈 판잣집을 내리치며
몸속에 무허가 건물을 짓고 있는 허망을 박살낼 때
이 개같은 놈들아! 철거민의 울부짖음의 손톱에
가슴 갈가리 찢겨도, 이 하루를 헐떡이는 개였다.
뼈를 다 뽑아서라도 이 판잣집 한 채 몸 짓고 싶은
아무거나와 흘레붙는 나는 개였다.

저녁길

그들의 함성에 중장비의 엔진은 호흡을 멈추었다.
현장 본부 앞마당에서, 머리에 띠를 두르고
답답한 가슴을 치듯 주먹 쥔 손을 흔들며
노동 해방가를 부를 때, 파헤쳐진 공사장은 깊은
침묵 속으로 빠져들어갔다.
우리는 손뼉을 쳤다. 이 땅의 곳곳에서
또 하루의 품을 팔기 위해 모여든 일용 인부들
그들의 힘찬 구호의 외침에 눈물마저 글썽였다.
이 하루, 공쳐도 좋았다. 그 수많은 나날
무릎 꺾여 살아온 노동의 하루쯤 무너져도 좋았다.
건축 자재를 물어 나르길 거부한 지게차,
더욱 이빨 앙물기를, 저 덤프트럭, 벽을 부수는
맨대가리이기를 빌며, 공사판을 뒤덮은 일촉즉발의
적막, 야릇한 쾌감으로 오금마저 저리게 했다.
하루 일당에, 목을 맨 잡부들, 모래가 없어
보도블록이 없어 저녁길 허리 꺾인 그림자만 떨구며
뒤돌아서도, 중장비 기사들의 임투를 보며 온몸 부르르 떨기
도 했다.

그래, 이 땅의 노동에는 폐허의 기억밖에 없다.
그 기억의 벽에 삶을 꽂아야 한다.
폐허를 허물 곡괭이를 내리찍어야 한다.
그들의 몸부림에 손톱 하나 보탤 수 없는 우리는
들풀처럼 부끄러웠다. ××토건,
노란 회사 마크가 새겨진 그들의 곤색잠바 유니폼은
얼마나 부러웠던가…… 이윽고 며칠간의 파업은 끝났다.
그들의 고정급은 올랐고, 시간차 수당도 받게 되었다.
모든 중장비의 심장은 뜨겁게 박동치기 시작했다.
다시 새벽밥 먹은 통근차가 다니고, 우리들은
식반에 담긴 별을 헤아리며 새벽 함바를 나섰다.
여전히 앙상히 손금 드러낸 품삯을 위해
왼종일 삶의 껍질을 벗겨내고, 또 뿔뿔이 흩어지는
저녁길, 그래, 한 사람이라도 더 잘살아야지ㅡ.
헌 작업복, 흙투성이 운동화 발에 밟히는 공사판은 어스름 속
콘크리트와 철근의 뼈대만 앙상히 도드라져 있어도……

뭐, 추락하는 것은 날개가 있다고?

그는 쇠주병 나발을 분다. 오직 취하기 위해
취기로 몸도 마음도 마비시키고 싶어
맨정신으로 껌을 내밀며 머리 숙일 수가 없어
나는 깡술 속으로 침몰한다. 젊어서 한때
그는 남대문 콩고리패 댓빵이었다. 내리삽을 들고
콘크리트를 떡 주무르듯 하며, 이 땅의 공사판
곳곳을 떠돌던 노가다 시절을 자랑으로 여겼다.
허기의 감방에 갇히면 문신을 새겼다.
복수라는 단검이 또아리 틀고 있는 가슴의 뱀 문신은
그가 삽을 쥘 때마다 살아 있는 듯 꿈틀거렸지만
그 칼날과 독니, 폐부에 꽂혀 골병든 몸
알코올에 꺼멓게 굳어진 콘크리트의 얼굴을 들고
나는 꼬지를 보러 간다. 밤의 상가, 술집들을
비틀거리며, 거부의 몸짓에겐 슬쩍 뱀 문신을 비춰보이며
(태어날 때 우리 벌거숭이 아뇨, 같이 좀 먹고 삽시다요)
얻어터지기도 했다. 영혼이 코피를 쏟는 그런 밤이면
그는 제 폐부를 쥐어짠 즙을 마시듯, 술에 절여져
나는 아무데나 뻗어버리곤 했다. 겨울이 오고

그래도 얼어죽는 것은 너무 비참해, 찾아든 양동
골방에서 쇠주병 나발을 분다. 맨정신으로는
거리에 떨어진 토큰 하나 줍는 것도 부끄러워
그는 깡술 속으로 걷는다. 오늘 기어이 추락한다.
(뭐, 추락하는 것은 날개가 있다고?)

그의 늙어 검버섯 핀 몸, 골방에서 들려나와
골목의 시멘트 바닥 위에 싸늘히 굳어 있다.
갈쿠리같이 오그라진 내 손, 덮인 가마니 밖으로 빠져나와
있다.
추락하며 그는 무얼 붙잡으려 했을까, 행려병자의 주검은
집 밖으로 내팽개치는 이 빈민굴의 관습(?) 속에
누워, 경찰 앰불런스의 기계의 곡소리를 들으며

불알 두 쪽

꿈을 꾸고 나면 더 허기가 져,
아무리 둘러봐도 허물어져가는 집, 때묻은 사람들
더러운 빈민굴 벌집 동네의 이 작은 방, 마치 관 속 같아.
이 무덤 속의 시체로는 나 혼자로서 충분해,
삼십 년 노가다 생활에 너에게 줄 것이라곤 몸밖에 없어.
골병이 쥐새끼처럼 들락거리는 이 텅 빈 집,
허망의 송곳니에 갇혀 언제 무너질지 모르는, 무거운 등짐에 짓눌린
등뼈와 무릎 관절통,
이제 맑은 날에도 무시로 붉은 신호등을 껌벅거려.
몇 백만 원짜리 혼수는 고사하고, 너에게 구리반지 하나 끼워줄
여력이 없어. 치솟는 전셋값을 보라구, 이 골방의 방세마저 껑충거려.
내 거북이의 일당으로는 라면마저 맘놓고 먹일 자신이 없어.
남들이 뭐라는 줄 알아? 죽으면 썩지도 않을 거래. 날 보구……, 왜냐구?
하도 라면만 먹어 방부제 처리가 되어 있어서래. 우스워? 미

라처럼
　방부제에 공업용 유지로 기름포장까지 된 이 몸이 우스워?
　그래도 꿈을 꾸었어. 내 등의 짐이 무거우면 무거울수록 밝아오는
　세계를.
　땀방울 불켜고, 공순이 너, 지친 육신이나마 뉘일 수 있는
　방 한 칸을.
　그러나 잠 깨면 흔적 없이 쓸려가는 모래의 집,
　가슴에 칼을 품었어. 저 물신이 넘쳐나는 도시를 향해
　강도가 되고 싶었어. 사람의 얼굴을 벗고, 개기름 흐르는 기형(畸形)의
　탈을 쓰고…… 정말
　꿈을 꾸고 나면 더 허기가 져! 너에게 줄 것이라곤 불알 두 쪽밖에 없어.

　무슨 말씀이세요? 그 불알 두 쪽, 얼마나 귀한 것인지 모르세요? 그것은
　불의 알이에요. 불의 알—.

그늘의 그늘

일이 싫었다. 공장의 컨베이어벨트는
꼭 교수대의 밧줄 같았다. 쳇바퀴 속
다람쥐꼴의 조출철야, 백날 뺑뺑이 돌아봐야 냄비에 라면
꼬랑지로 말라붙는 나날들, 지겨웠다. 몽키는
생눈깔을 조여댔다. 망치는 가슴속의 녹만 두들겨댔다.
끔찍했다. 일하고 싶을 때 일하고 놀고 싶으면
놀고 싶었다. 이왕 앞길이 절벽인 인생, 시부랑탕!
그저 세끼 밥 굶지 않으면 되었다. 이른 새벽
남대문 인력시장, 졸린 눈 부비며 어슬렁이다가
사람 급한 현장, 눈먼 돈벌이라도 얻어 걸리면 한 이틀
비 오는 날로 치고, 골방에 죽치고 앉아 화투장이나 쥐패고
싶었다.
복권도 몇 장 꼬불치고, 새빠지게 일해봐야 미꾸라지
용 못 되는 세월, 몸이라도 편해야지⋯⋯ 내 몸
병들어봐! 찬물 한 모금 떠주는 이 없는 이 서울바닥에서
가마니 코트 걸치고 모르모트 신세 되기 전에 해골빡 굴려야
지,
두어 달 상돈 모이면 기어나와 양동의 삼빡한 깔치 끼고

뒹굴다가, 돈 떨어지면 외상술 육포 빈대 붙다가 낯짝 뜨거워지면
  다시 월급 많고 몸보신하기 좋은 일자리 찾아 기웃거리는
  저 짱께집 주방장 녀석 정말 부러워! 그래
  오늘 껀수 없으면 녹십자병원 벽돌작업하러 가지 뭐,
  벽돌작업하다 쓰러지면 뚜룩치고, 잡히면 십오 척
  벽돌담 속에 누워 가다밥 씹으며 피 만들지 뭐, 까짓거!
  그러나 죽지 못해 내리꽂는 삽과 곡괭이질, 아무리 지켜워도
  출소의 문 앞에서부터 호시탐탐 노리고 있는 저 사육의
  올가미, 속에 매달린 생선 뼈다귀에 침 질질 흘리기 시작하는
  허기의 혓바다, 교수대의
  밧줄인 줄 알면서도 어쩔 수 없이 다시 찾아드는 이 새벽시장,
  목을 매달아 두들겨패서 잡아야 더욱 맛이 난다는 개꼴로……

다시, 주점(酒店)에서

내 이래봬두 한때는 끗발깨나 날렸지
서울 하구두 남대문지장 콩고리패였다구
새벽 떡전골목 안개 속에 떡— 어깨 힘주고 서면
공기에 쫓긴 현장, 사람의 힘으로 하룻밤새
도저히 해낼 것 같지 않은, 슬라브를 얹기 위해
미명 속의 햇살같이 택시가 달려오곤 했지 그럼
우린 큰소리 떵떵 치며 모셔져 갔지 임금은 곱으로 준다고
살살거렸지만, 그 품삯만큼 뺑뺑이 치는 도급을 반겼지
증말 사람 꼴맛 났다구, 철근의 뼈다구만 앙상한 바닥에
비빔철판이 펼쳐지면, 내리삽 둘, 큰삽 둘의 댓빵꾼. 야! 불알
에만 힘주기냐, 빨리 뛰어!
시멘도리는 온몸 허연 버짐꽃이 피고, 물도리는 새앙쥐가 되고
자갈통꾼 셋에 모래질통 둘 꽃일대 하나 한패로 어우러져
한마당 자진모리 징 치고 꽹과리 치고 나면 어느새
건물 하나 햇볕 아래 번쩍 몸 일으키곤 했지
증말 보람 있었다구, 살맛났지 담배 한 대 주게—
뭐 입만 가지고 다니며 허풍만 떤다구? 이 친구 영 소식 나까
무라상이네

일 잘하는 만큼 깡다구깨나 셌지, 그 바쁠 땐 설레발 까던 치들이

돈 줄 땐 꼭 사타구니에 꼬리 감춘 똥개꼴이 되드란 말야

우리 곤조통 사정없이 사장님 책상머리 곡괭이 꽝! 찍었지

삽날은 소장실 유리창 뻥과자처럼 씹어먹고— 모두 슬슬 기었지

그런데 왜 이꼴이냐구? 허섭쓰레기나 치우는 개잡부가 되었냐구?

이보슈, 그 사람 약점 너무 찌르는 게 아뇨, 나도 사람인데……

그런데 젊은 친구, 기술 배워! 그 사람 힘 별거 아니드만, 쪽바리말루

니끼샨지 니기민지 하는 콘크리트 기계가 나오니까 말이우

우린 그만 똥 묻은 개꼴이 되고 말았지. 우리 콩그리패 꼭지쇠라 할 수 있는

내리삽 큰삽은 갈바람에 가랑잎처럼 픽 사그라졌지

다른 패는 빌붙어 겨우 명줄은 이었지만…… 내가 누구냐구?

이래배두 남대문 콩그리패 댓빵꾼이라구! 그러나

결정적으로 서커스에 밀린 남사당패꼴로 만든 것은 바로 저
레미콘 때문이었어, 저 콘크리트 알을 낳는 기계닭
저놈 혼자 북 치고 장구 치고 다 해버리는데 우린 뭐
할 게 있어야지, 내 참 드러워서…… 삽자루 꺾고 말았지
저 기계한테 이길려면 저놈 올라타고 마누라 몰듯 해야 하는데
그러나 어쩌겠소 배운 도둑질이 이 짓뿐인데……
 그렇다고 술만 축내고 있음 어떡하느냐구? 젊은 친구, 노가다 밥 더 먹어야겠구만—
 이게 술인 줄 아수? 이게 바로 깡다구요, 깡다구!

어두운 기억의 집 2
―작살주(酒)에 관한 보고서

작살주(酒)에 취해보셨는지?
마치 사각(四角)의 링 위에서 글러브도 안 낀 맨주먹에 규칙도 없이 심판도 없이 아니 심판과 관중에게까지 녹신 두들겨 맞아 녹다운된 그런 기분이지.

정미소 흙바닥에서 긁어모은 싸래기쌀을 흙먼지와 함께 이스트로 쪄서 화학곰팡이로 부패시켜 차오른 술독에 카바이트로 끓여 싱거우면 막쇠주를 들어부어 도수를 높인 이 술,

거기 공업용 색소로 노르끼리 밥알 동동 띄우고 신경흥분제 러미날 몇 알 떨구면 딱장게비 끈끈애비 고물장수 시라이꾼, 이 다 떨어진 인생들이 작살주(酒)라고 명명한 기막힌 밀조주가 되지.

먹으면 몸도 마음도 작살나는 작살주(酒).
고층빌딩의 어퍼컷, 달리는 자가용의 스트레이트, 호화맨션 궁궐 사우나탕의 롱훅의 소나기 펀치에 난타당한 날품팔이들
해거름도 되지 않아 그로기에 빠져, 원투쓰리 카운트를 세는

주머니 속의 동전 몇 닢
　달랑이며 찾아들지. 이왕 버린 몸, 케오가 되고 싶어.
제 삶처럼 다 찌그러져가는 세운상가 뒷골목의 이 술집을,
　드럼통 엎어놓은 술탁에 고추장 벌건 돼지껍질을 씹으며, 주먹으로 몽둥이로 때로는 태껸 삼단돌려차기로 급하면 구둣발로 불알을 걷어차는 이 무법의
　펀치드렁크에 취해 있노라면

못 견디게 장영자가 그리워,
　지게 고물 리어카 탱크 타고, 한강 다리 건너 중앙청 앞, 얼룩복에 검은 안경 두 손 당당히 허리에 얹고 버티고 서지.
　손에는 엿장수 가위를 들고—.

그리고 그 사각(四角)의 링, 글러브도 없는 맨주먹으로 선수건 심판이건 관중이건 샌드백 두들겨버리지. 두 손 번쩍 치켜든 그 도취의 순간,
　길모퉁이 공원 쓰레기통 곁에 구겨박혀 있는 주정뱅이들, 벌레처럼 꿈틀거리고 있더라도

이 치매의 파킨슨씨병에 황홀히 취해보셨는지?

별, 그 모스부호로 자장가를……

해를 향해 날아올랐어.
십오 척 벽돌담으로 싸인 밤, 그 굳어버린 골반의 뼈 뼈개지는 소리로
철문이 열릴 때,
수의(囚衣)를 벗은 알몸, 이 찬란한 출감의
새벽.
눈부셔, 짙은 우울의 구름장 뚫고 내리는 한 줄기 여명에도 너무 눈부셔
박쥐처럼 파닥이는 내 눈빛에서, 아직도 미명 속에 엎드린
내 의식의 감옥이 서서히 지워지고
산과 들판, 집과 거리가 햇살 속에 피어날 때까지
해를 향해 날아올랐어.
온몸 채찍질하는 꿈의 나래, 넋마저 하늘 쪽빛 물들도록
높이 높이 날아올랐어. 그런데 갑자기
시멘트 벌판이 따귀를 후려쳐왔어. 정신 차렷!
눈에 번쩍 스파크를 일으키는 햇살, 어느새
나는 추락하고 있었어. 마음 높이 솟구칠수록
몸은 더욱 낮게 가라앉고 있었어. 갈 곳이 없어, 나락으로

현실이라는 이름의 나락으로, 받아주는 바람의 손길 하나 없는
지게 모습의 뼈 앙상한 그림자만 나부끼며……눈떠보니
인큐베이터 속이었어.
모태(母胎)에서 이상성장을 한 제2의 아기집,
허망이 담긴 식반이 물려 있었어. 젖줄처럼,
꿈의 초를 녹여 알몸에 나래를 붙인 사람들, 갱생보호소에 누워 있는
전과자들, 밤이었어.
유리로 지어진 인큐베이터, 감시의 밤하늘엔
별빛, 너무 초롱했어.
이 노천의 아기집에 누워, 황홀히 젖줄 입에 물고
아직 살아 있다고, 꿈틀거릴 때마다
별들은 해독할 수 없는 모스부호 같은 눈빛으로
나직이 자장가를 불러주고……

그들은 더 이상 여기 살지 않는다 3

재봉틀이 이빨을 뚝 부러뜨린다
끓던 납의 표정이 싸늘히 식는다
브라운관의 세계에 이어졌던 모세혈관
말초신경의 전선(電線)들이 툭툭 끊어져내린다
스위치가 눈을 감는다
일순, 적막의 공장 안에 생선 뼈다귀가 떠오른다
저 개밥그릇 속의 허상들, 무지렁이의 넋 얼마나 홀렸는가
신열의 이마에 머리띠가 질끈 묶여진다
밥 그 릇 을 돌 려 다 오. 광목 플래카드에 뚝뚝 떨어지는 객혈,
조소를 흘리며 개의 헛바닥이 핥고 간다
군홧발 아래 무참히 지워지는 몸부림들, 지워질 때마다
다시 쓴다. 뼈로
살의 즙을 찍어, 꿈틀거린다. 저 꿈틀거림의
봉화, 제발 몸에 기름을 끼얹지 마! 우리의
밥그릇을 위해 하나뿐인 너의 밥그릇을 깰 수 없어! 그러나
점화되는 분신(焚身), 피 뚝뚝 떨구는 불꽃의 손톱자국,
아, 손톱으로 파헤친 새벽에서 결코 우리의 아침을 길어올릴
수 없어!

물 한 모금 적시지 못해 부르튼 단식 농성장, 그러나
마지막 기대의 유리창이 박살이 난다. 구사대의 난입 앞에
산산이 깨어져 흩어지는 인간 최후의 마지노선.
더듬이를 잃은 저 달팽이의 행렬이 지나간 자리
떠오르는 폐허, 생선 뼈다귀만 대답으로 놓여 있다
저 컬러 브라운관의 무서운 변신 앞에 망연자실한 눈동자들
드디어 재봉틀의 바늘이 송곳니를 드러낸다
감았던 전선들의 눈에 핏발의 전류가 흐른다
움켜쥔 맨주먹이 납탄으로 끓어오른다

뱃속을 달래기 전에는 영혼을 진정시킬 수가 없어—.*

---

*잭 런던의 『강철군화』에서.

해설

허기의 밥풀로 그린 사실화

정효구(문학평론가)

1.

1983년, 박노해가 노동자 시인의 출현을 현실로 가시화시킨 이후, 우리 시단에서는 노동자 시인들의 시작 활동이 활발하게 전개돼왔다. 따라서 시작 주체가 지식인만으로 한정되던 과거의 관습은 이미 낡은 세월의 바닷속에 가라앉고 말았다. 구체적으로, 박노해의 출현 이후, 우리 시단에 화려하게 얼굴을 드러낸 노동자 시인들로는 시집 『인부수첩』의 김해화, 『공친 날』의 김기홍, 『동지여 가슴을 맞대고』의 정명자, 『우리들 소원』의 최명자, 『대열』의 박영근, 『만국의 노동자여』와 『동트는 미포만의 새벽을 딛고』의 백무산 등이 있다. 사실, 이와 같은 노동자 시인들의 이름은 이제 우리 시단에서 더 이상 낯설지 않은 존재가 되었거니와, 전문 수업을 받은 인텔리 시인들의 경우와 비교하더라도 그들의 작품은 질적 수준이나 감동의 진폭에 있어서 결코 뒤지지 않는다. 이렇게 볼 때, 80년대 중반경부터 지속적으로 세력을 확장시켜온 노동자 시인들은 이제 당당하게 우리 시단의 굵직한 물줄기를 형성하고 독자적인 역할을 충분하게 전개해 나아가고 있는 셈이다.

이미 시집 『버려진 사람들』(1988)을 출간함으로써 독자들에게 알려진 김신용의 경우도, 넓은 의미에서 본다면 노동자 시인의 한 사람으로 규정될 수 있을 것이다. 이러한 사정은, 그의 첫 번째 시집뿐만 아니라 두 번째 시집인 『개같은 날들의 기록』을 보더라도 마찬가지이다.

그렇지만, 김신용은 노동자 시인이라고 규정짓고 보면, 이와 같은 규정이 과연 정확한 것인가에 의문을 갖지 않을 수 없다. 분명 김신용은 앞서 언급한 것처럼 넓은 의미의 노동자 시인이 될 수 있을 터이나, 엄밀히 말하여 그는 노동자계급에 속하는 것으로 규정짓기 곤란한 측면을 가지고 있기 때문이다. 김신용은 박노해, 백무산, 최명자, 정명자 등과 비교할 때 (참고로 밝히자면 박노해는 기능공, 백무산은 조선·전기 분야의 노동자, 최명자는 시외버스 안내원, 정명자는 섬유산업 노동자로 알려져 있다), 그 네 명의 시인들이 정식 노동자계급의 신분을 갖고 있는데 반해, 노동자계급과는 다른 도시빈민의 계급으로 분류될 소지를 안고 있는 것이다. 사정이 이렇게 되고 보면, 김신용은 앞에서 열거

한 네 시인들보다 오히려 김기홍이나 김해화 시인과 더 많은 공통점을 소유하고 있는 셈이다. 김신용의 신분이 지게꾼과 건설현장 잡부라면, 김기홍의 신분은 농사꾼과 건설현장 철근공이고, 김해화의 신분은 농사꾼과 공원을 거친 공사판 철근공이기 때문이다. 이중에서도 김신용의 신분은 특히 김해화와 닮은 점을 가지고 있으니, 이들 두 사람의 신분은 공히 노동자라기보다 도시빈민이란 이름으로 규정이 가능하기 때문이다. 한편 김신용과 김해화의 신분에 비하자면, 김기홍은 농사꾼으로서의 빈농이라는 계급적 신분과 철근공으로서의 도시빈민이라는 계급적 신분을 공유하고 있는 셈이다. 따라서 김신용의 계급적 기반 내지 신분이라는 것은 노동자계급으로서의 백무산, 최명자, 정명자 등과 구별되어야 할 것이고 이 글의 논지 역시 그런 사실을 중시하여 진행되어야 할 것이라 생각한다.

  우리 사회의 계급구조를 어떻게 파악하느냐에 따라, 김신용의 신분을 규정짓는 것도 달라질 수밖에 없을 것이다. 막연하게 부르주아지와 프롤레타리아트로 분류해본다면, 김신용은 후자에 속할 것이다. 그리고 고전적 자본주의 계급구조론에 따라, 계급을 자본가계급, 중간계급, 노동자계급으로 3분한다면 김신용은 노동자계급에 속할 것이다. 그러나 이렇게 거친 구분만으로 우리 사회의 계급적 실상이 구체적으로 세밀하게 밝혀지기는 어렵다. 따라서 우리 사회의 구조적 실상에 맞도록, 좀 더 세분된 계급 구분이 요청되거니와, 나는 『도시빈민론』의 저

자 김영석의 견해에 동의하면서 그의 계급분류론을 참고하고자 한다.

　김영석에 의하면, 한국의 계급구조는 크게 자본주의 부문과 비자본주의 부문으로 나누어진다. 자본주의 부문에는 자본가, 신중간계급, 노동자계급이 속하며, 비자본주의 부문에는, 도시 부문에서의 구중간계급과 도시빈민계급, 그리고 농업 부문에서의 중농과 빈농이 해당된다. 우리 사회의 계급구조를 이렇게 나누어볼 때, 김신용은 임노동 관계로서 자본에 고용된 노동자계급이 아니다. 박노해나 백무산 그리고 최명자나 정명자 같은 시인들은 분명 자본가에게 임노동의 관계로 고용된 사람이다. 그러나 김신용은 그렇지 않다. 그가 지게꾼의 신분일 때, 그는 특정한 자본가에게 임노동의 관계로 정기적인 고용을 당한 것이 아니라 시장을 매개로 하여 자본에 형식적으로 종속된 사람일 뿐이다. 그런가 하면 그가 건설현장 잡역부일 때에도, 그는 하청업자와 십장이라는 구중간계급에게 고용되어 노동력을 파는 사람이다. 따라서 김신용의 신분은 앞서 말한 것처럼 노동력을 임노동 관계로서 자본가에게 파는 노동자가 아니라, 구중간계급에 고용되거나 아니면 시장을 매개로 하여 노동력을 판매하는 도시빈민이라고 보아야 한다. 다시 말하자면, 김신용의 신분은 확고한 자본가에게 고용된 정직원이 아니라 시장 속의 개인에게 필요할 때마다 일시적으로 고용되는 지게꾼으로서의 도시빈민 혹은 하청업자에게 일당으로 고용된 잡역부로서의 도시빈민이다. 김신용의 신분을 이렇게 규정해놓고 보면, 우리는 그의 시가 박노해나 백무산 같은 노동자 시인들의 시와 구별되는 점을 명료하게 파악할 수 있고, 나아가 김신용의 시 자체의 특수한 세계도 보다 성공적으로 파악할 수 있을 것이라 생각한다.

나는 노동자계급과 도시빈민계급을 구분하면서, 이에 따라 노동자의 신분을 가진 시인과 도시빈민의 신분을 가진 시인을 구별하고자 하였다. 그렇지만 이 자리에서 밝혀야 할 사실은, 노동자계급과 도시빈민계급 사이에는 백지장 한 장 정도의 경계선이 있을 뿐이라는 점이다. 따라서 한 사람이 이 두 계급 사이를 넘나든다는 것은 매우 용이한 일이 되거니와 김해화가 농사꾼을 거쳐 공원이 되었다가, 다시 건설현장의 철근공이 된 점이 바로 이것을 입증한다. 그런가 하면 빈농의 신분 역시 노동자나 도시빈민의 신분과 쉽사리 넘나들 소지를 안고 있다. 따라서 빈농의 신분으로 도시 입성을 하였을 때, 그들은 대부분이 도시빈민이 되거나 노동자가 되어버리고 만다. 이런 점에서 노동자, 도시빈민, 빈농은 쉽사리 넘나들면서 우리 사회의 진정한 기층 민중을 구성하는 부류로 볼 수 있을 것이다.

2.

가출아, 부랑자, 수차례의 감옥살이 경험자, 지게꾼, 건설현장 막노동꾼, 집도 없고 처도 없는 46세의 노총각—이것이 김신용의 이력을 거칠게나마 스케치한 내용이다. 이와 같은 그의 삶은 우리 주위에서 흔히 찾아보기 어려울 뿐만 아니라 시단에서도 좀처럼 만나보기 어려운 모습이다. 따라서 그의 삶은 우리에게 낯선 것이면서 동시에 호기심을 자아내는 것이기도 하다. 그런가 하면, 그의 삶은 보편적인 삶을 살아가는 보통 사람들에게 실감으로 체득하기 힘든 우리 사회의 한 단면을 열어보여주는 계기를 마련하기도 한다.

나는 김신용의 이런 삶과 그 속에서 빛나는 의식의 다채로움을 그의 작품으로부터 읽어내면서, 이른바 허기의 문화 내지는 가난의 문화라는 것을 필연적으로 떠올리게 된다. 김신용의 작품은 인간의 실존을 위협하는 허기와 가난의 현장을 그 누구의 작품보다도 리얼하게 표출하고 있으며, 그의 시는 붓으로 창조한 것이라기보다는 허기의 밥풀로 짓이긴 사실화와 같기 때문이다.

김신용은 그의 시 곳곳에서 이러한 허기의 드라마에 대하여 쓰고 있다. 그에게 있어서 허기란 그 자신을 사경으로 몰아가는 것이면서 동시에 그를 살아가도록 지탱시키는 힘이기 때문이다.

꿈을 꾸고 나면 더 허기가 져,
아무리 둘러봐도 허물어져가는 집, 때 묻은 사람들

더러운 빈민굴 벌집 동네의 이 작은 방, 마치 관 속 같아.
이 무덤 속의 시체로는 나혼자로서 충분해,
삼십 년 노가다 생활에 너에게 줄 것이라곤 몸밖에 없어.
…(중략)…
꿈을 꾸고 나면 더 허기가 져! 너에게 줄 것이라곤 불알 두 쪽밖에 없어.

―「불알 두 쪽」 부분

위의 시가 말해주듯, 김신용이 가진 것은 벌거숭이 몸 하나밖에 없다. 그것도 배부른 사내의 미끈한 몸뚱어리가 아니라, 쭈그러진 위장을 부여잡고 두 눈만 퀭하니 안으로 빛내는 볼품없는 몸뚱어리에 불과하다. 이처럼 허기에 찌들려 휴지쪽처럼 쭈그러든 그의 알몸은 지금 허물어져가는 빈민굴 동네의 작은 방 속에 담겨 있다. 김신용은 이러한 자신의 방을 관 속으로 비유하면서 그 속에 담겨 있는 자신의 몸을 시체라고 부른다. 그러나 비록 시체에 불과한 몸일지라도 그는 꿈을 꿀수록 더 아리게 파고드는 허기를 통증으로 느낀다. 김신용은 이러한 허기와 벌이는 무수한 싸움의 양태를 그의 작품 속에 인각시키고 있거니와, 그의 작품으로부터 우리는 인간 속에서 살고 있는 허기의 활약상과 그것이 그려낸 파장의 폭넓은 반경을 접하게 된다.

제주 뱃머리에 고구마 배가 드는 새벽이면
내 양생이꾼이 되던 곳, 하역인부의 등짐에서

> 떨어지는 고구마 낱알을 줍다가, 호루라기의 발길질에
> 허기의 엉덩이를 걷어채이면, 선창에 미명으로 쌓인
> 헌 고기상자 뒤에 숨어 코 훌쩍이던 곳, 부유하는 쓰레기와
> …(중략)…
> 공판장에는, 경매의 손짓들이 결코 포기할 수 없는
> 꿈을 가리키며 해풍에 나부끼고, 몸보다 입이 더 큰
> 아귀의 얼굴을 가진 아지매들, 바다를 뻥과자처럼 먹고
> 있는
>
> ─「꽃의 자갈치」 부분

 위의 시에 나타난 허기는 사람을 얌생이꾼으로 만들어버린다. 여기에는 체면도 필요 없고 가식도 필요 없다. 다만, 허기진 배를 채우는 일만이 급선무이다. 따라서 위 작품의 화자인 나는 하역인부의 등짐에서 떨어지는 고구마 낱알을 주워 먹는 데만 정신이 쏠려 있다. 비록 호루라기 발길질에 엉덩이를 걷어채고, 그것이 서러워 숨어 훌쩍일지라도, 그는 당장 허기진 배를 채우지 않을 수 없기 때문이다. 이와 같은 화자의 눈에는 공판장 아주머니들이 "몸보다 입이 더 큰 아귀의 얼굴을" 하고 있는 것으로 보인다. 그것은 허기진 사람의 눈에는 그 어떤 것보다도 입을 벌리고 달려드는 허기의 울부짖음만이 들리기 때문이리라.
 그런데 이처럼 소극적으로 남이 흘린 고구마 낱알이나 주워 먹고 있던 화자는 점점 적극적이고도 공격적인 방법으로 허기

를 채워가고자 하는 자신을 체감한다. 그래서 그는

> 그 무수한 욕망에 살 뜯기면서
> 피를 빨리면서, 복면을 하고
> 높은 담, 굳게 잠긴 문 제꺽 열고
> 목숨은 필요 없다 돈을 내놧!
> 강도가 되고 싶었다

라고 작품 「그 겨울의 빈대」에서 말한다. 이와 같이 강도라도 되고 싶은 심정일 때, 화자인 나에게는 허기를 채울 수 있게 하는 돈이 목숨보다 더 중요하다. 말하자면 그는 허기를 채우기 위하여 죽어도 좋다는 역설을 말하게 된 것이다. 그렇다면 허기가 목숨보다 더 참혹하게 인간을 괴롭히고 있는 순간이란 어떤 것일까. 여기서 우리는 허기가 목숨보다 선행한다는 말을 꺼내도 좋을까. 김신용의 작품은 이런 문제를 제기한다.

이처럼 허기가 목숨을 선행한다는 것이 진실이 되어버리는 순간, 그리고 살기 위하여 죽는다는 말 역시 진실로 받아들여지는 순간, 김신용의 작품에 등장하는 화자에게는 이른바 인피(人皮)통장에서 피를 뽑아 파는, 녹십자병원 벽돌작업이 시행된다. 이 매혈 행위는 그야말로 허기진 배를 채우기 위하여 내 생명을 깎아 파는 인간들의 아이러니를 한몸에 담고 있는 행위일 것이다. 그런데 더 나아가, 그의 시에서 매혈 행위를 함으로써 배를 채우려는 인간의 일차적 생존에의 욕망은 자기 자신을 자해 공갈단으로 만들어버리는 데까지 나아가기도 한다. 김신용의 작품 「바이킹이라는 녀석」을 보면, 이러한 인간의 처참한 생존욕구가 리얼하게 제시되어 있다.

> 어처구니없이 자해 공갈단이 된 이 사람,
> 일확십금에 인신매매된 이 사람
> 붐비는 시장 네거리에 쥐새끼처럼 웅크리고 있다가
> 인파 사이를 미꾸라지처럼 빠져나가는 오토바이 자가용에
> 교묘히 부딪치게 만들지,

위의 인용시는 「바이킹이라는 녀석」의 일부분이다. 이 작품에 등장하는 바이킹은 지금 자해 공갈단이 되어 있다. 그가 허기진 배를 채우기 위하여 택한 것은 나를 죽임으로써 나를 살리고자 하는 방법이다. 나의 허기진 배만 채워진다면, 누가 나를 죽여도 상관없다는 것이다. 아니 죽여주기를 간곡히 소망한다는 것이다. 그래서 그는 차바퀴 밑으로 머리를 밀어넣는다. 그렇지만 영악한 이 세상은 사람을 함부로 해치지 않는다. 사람을 해친다는 것은 곧 내 돈을 지불해야 한다는 것이요, 이것은 나의 허기진 배를 감당해야 한다는 의미이기 때문이다.

김신용의 시집 『개같은 날들의 기록』에서 인간의 실존을 위협하는 극단의 허기는 앞에서 논의한 바처럼, 그것이 방법적인

것에 지나지 않을지언정, 본인 스스로 자신의 살과 생명을 깎아 파는 데까지 나아간다. 그런가 하면, 이와 같은 자학적 행위를 하는 동안에도, 채워지지 않는 인간의 허기는 또다른 방법을 강구한다. 그 방법이란 무엇인가. 그것은 자해 공갈단이 됨으로써 일확천금에의 꿈을 가꾸어가는 것처럼, 은밀한 곳에 숨어 있는 도박의 꿈을 키워감으로써 허기를 채우고자 하는 것이다. 김신용은 허기를 채우고자 하는 인간의 이런 꿈을 작품 「지푸라기 한 올에 목을······」과 「부록, 강시야화(夜話)」에서 인상적으로 드러내고 있다.

    화살이
    빗나갈 때마다 부르르 고슴도치처럼 떨곤 했다.
    비탄에 젖어,
    눈알 빙빙 도는 숫자 회전판의 장난 앞에
    이 요행의 올가미에 목을 매달고, 쓰러지지 않으려고
    그날 벌이에서 방세와 밥값만 남기고 깡그리
    그는 복권을 샀다. 어차피 인생은 나이롱뽕!
    ···(중략)···
    많이 살수록 당첨의 확률은 높아진다.
    하루하루 지불하는 무허가 하숙비마저 아까웠다.
    어떤 날은 두 끼 라면만 씹으며 그 출세의 꿈을 샀다.
    ···(중략)···
    누가 죽나 보자! 떨어진 복권들을 진저리를 치며 골방에

다 붙였다. 그러나
그 미련, 사방벽과 천장 온통 도배질이 되어도
그 위대한 아메리카의 꿈은 나타나지 않았다.
어두운 사창가 골목에는 그 행운의 여신, 요염히 눈웃음
을 흘리며 손짓하고…… 매일 밤
그 창녀의 방에서 그는 뼈만 남아갔다.
―「지푸라기 한 올에 목을……」 부분

바로 그에게 허기를 채울 것 같은 방법으로 다가온 것은 복권에 대한 꿈이다. 하루의 일당 중, 밥값과 방세만 남기고 모조리 사버린 복권, 어느 날은 라면으로 두 끼만 먹으며 살았던 그 출세와 배부름에 대한 꿈에 그의 허기는 저당 잡히고 만 것이다. 김신용의 표현을 빌리자면, 그의 허기는 출세와 배부름의 꿈에 "황홀히 교수(絞首)당한" 것이다. 그렇지만 인생은 어차피 "나이롱뽕" 같은 것이라면, "도저히 짐질 수 없는 지게짐 같은 캄캄한 생의 절벽 앞에서" 인간은 허기진 배를 어떻게 채워가야 하는 것일까. 김신용은 위의 작품에서 이런 물음을 제기하고 있다.

그렇지만, 복권은 그에게 아메리카의 꿈을 안겨주지 못했다. 아메리카의 꿈은 고사하고 허기진 배를 더욱 허기지게 만들 뿐이었다. 당첨을 확률을 높이기 위하여 무수히 사 모은 복권으로 그의 어둔 방을 도배질하였어도, 그가 머무는 방 역시 밝아오지 않았다. 그렇지만 어쩌랴, 복권에 거는 꿈은 아직도 그에게 부

적과 같은 힘을 가져다준다. 그래서 그는 작품 「부록, 강시야화(夜話)」에서 다음과 같이 말한다. "오늘도 나는 담뱃값 아껴 모은 푼돈, 복권을 산다. 부적처럼/복권을 이마에 붙여줘야 황홀히 잠드는 내 분신, 강시를 위하여"라고.

허기란 얼마나 지독한 흡혈귀인가. 그것은 아무리 떼어내려 해도 좀처럼 떨어져나가지 않는 악마의 얼굴을 하고 있다. 적어도 이런 말은 김신용의 작품을 놓고 볼 때 타당하다. 그러나 또한 허기를 쫓아버리려는 인간의 집착은 얼마나 집요하고 끈질긴가. 김신용의 시점에서 우리는 이러한 두 개의 얼굴을 동시에 만난다.

작품 「어떤 공친 날」은 달려드는 허기와 그 허기를 쫓아내려는 인간의 집착을 가장 실감 있게 표출한 작품이다.

　　가로수에서
　　떨어지는 마른 잎새 하나마저, 꼭 지게! 하고 부르는 손짓 같아……
　　지친 걸음 멈추면 벌써 저물 무렵, 서울에서
　　부산까지 2시간 만에 走破한다는 탄환열차
　　등줄기를 타고 흐른다. 빌딩들, 명동의
　　허공에는 뿔이 돋고, 네온사인, 마귀할멈의
　　눈빛이 켜지고 있다. 일셋집 아주머니의 얼굴에서
　　방세 독촉의 송곳니가 돋아나, 지나가는 여자의 핸드백이
　　몽땅

지게짐으로 보인다. 제발, 미친 척하고 이 핸드백 좀 지고
가요, 해주었으면 싶을 때
　　　머리통을 파고 들어온 탄환열차,
　　　　　―「어떤 공친 날」부분

위의 화자는 지금 일셋집에 사는 지게꾼이다. 뱃속에서는 허기의 지친 울음소리가 들리지만 허기를 채워줄 손님은 하나도 없다. 그야말로 공친 날이다. 일셋집 아주머니의 방세 독촉 소리가 더욱 뾰족한 칼날로 솟아오를수록, 그가 느끼는 허기의 심도는 깊기만 한데, 아무도 이 지게꾼에게 돈벌이를 시켜주지 않는 것이다. 이때, 화자인 지게꾼에게는 환청이 들리기 시작한다. 가로수에서 떨어지는 마른 잎새의 소리까지도 "지게!" 하고 자신을 부르는 소리처럼 느껴지는 현실 앞에 당도한 것이다. 이처럼 허기가 지나쳐 환청까지 듣게 된 화자에게, 이번에는 환시 현상까지도 나타나고 만다. 그는 길거리를 지나가는 여자들의 핸드백이 지게짐으로 보이는 자신을 발견한 것이다. 실존을 위협하는 허기 앞에서, 화자는 얼마나 참혹한 자신의 내면을 발견한 것인가. 2000년대 최첨단 도시의 청사진이 꽃핀 명동 한복판에서 그는 비극적인 실존을 고통스럽게 대면하고 있는 것이다.

그렇지만 허기는 이 정도에서 그를 포기하지 않는다. 허기는 더욱 악착같은 발톱을 가지고 그에게 상처를 내며 파고든다. 그래서 그는 생선 냄새 구수한 유혹의 미끼를 단념할 수가 없다.

허기진 배는 원색적인 식욕을 드러내며 호시탐탐 기회를 엿보기 때문이다. 작품 「개같은 날 1」과 「개같은 날 2」를 보면 허기가 또 다른 허기를 잡아먹음으로써 자신의 배를 불리는 이전투구의 현장이 여실하게 그려져 있다.

  1) 산비탈의 판자촌은 서울의
     발가락 새 무좀처럼 피어 있더군
     우리는 가려운 환부를 긁는 손톱처럼 달겨들었지
     그들의 아우성은 골목마다 양철 문짝
     철조망 몇 오라기로 바리케이트를 치고 있었어
     …(중략)…
     더러는 술값의 고물구리를 얻기 위해 전기선을 뭉치고
     떨어진 물건들은 슬쩍하면서, 구청 직원이
     나눠주는 일당에 이 하루를 안도하며
     울부짖음의 먼지 자욱한 폐허를 뒤돌아서면
     우리를 기다리는 것은 지하도, 양동 골방
     철거촌의 부서져 흩어진 잔해처럼 몸 오그리고 밤을 지새
  웠지
                                  —「개같은 날 1」 부분

  2) 허기의 끈에 목줄을 맨, 품삯의 뼈다귀에 침 질질 흘리는
     오뉴월, 비루먹은 개였다.
     어떤 밥을 먹어야 사나.

굶주려도, 차라리 서울역 남산공원에서 난장을 꿀려도
개밥은 먹지 않아야 하나
오늘도 구청의 댓빵들은 15,000원짜리 뼈다귀를 내밀며
양동의 개들을 홀리고 있다.
…(중략)…
눈먼 손에 쥐어주는 함마, 산비탈 판잣집을 내리치며
몸속에 무허가 건물을 짓고 있는 허망을 박살낼 때
이 개같은 놈들아!
　　　　　　　　　　　　　　ㅡ「개같은 날 2」 부분

　인용시 1)과 2)를 통해 나타나듯이, 작품 속의 화자는 지금 15,000원의 일당에 몸을 판 사람이다. 화자 자신도 양동의 판자촌 골방에 일세를 들어 사는 형편이면서, 바로 그런 모양의 무허가 판자촌을 철거하는 철거반원으로 나선 것이다. 따라서 그들의 무허가 판자촌을 부수는 것은 곧 자기 자신을 박살내는 것이나 마찬가지이지만, 눈앞에 닥친 허기의 위협은 이 일을 단념하도록 가만두지 않는다. 그는 자기 자신을 "오뉴월, 비루먹은 개"로 단정하는 자의식을 보이면서도, 다른 한편으로는 15,000원짜리 뼈다귀 앞에서 침을 흘리고 있는 것이다. 어디 그뿐인가. 그는 무허가 판자촌을 부수면서 철거민의 물건까지도 슬쩍하는 인간의 파렴치함 속에서, 허기의 위협에 목 졸린 인간의 실상도 보고 있는 것이다.

그렇다면 인간을 개 같은 존재로 살아가게 하는 이 허기의 존재를 우리는 영원히 떨쳐버리지 못하고, 그에 구속되어 살아가야만 하는 것일까. 적어도 김신용의 작품 속에는 그럴 수밖에 없다는 대답이 암암리에 나와 있는 것으로 보인다. 허기와 식욕은 인간이 살아 있다는 징표이기 때문이리라. 작품「그늘의 그늘」은 바로 이런 내용을 담고 있는 대표적 실례이다.

놀고 싶었다. 이왕 앞길이 절벽인 인생, 시부랑탕!
그저 세끼 밥 굶지 않으면 되었다. 이른 새벽
남대문 인력시장, 졸린 눈 부비며 어슬렁이다가
사람 급한 현장, 눈먼 돈벌이라도 얻어 걸리면 한 이틀
비 오는 날로 치고, 골방에 죽치고 앉아 화투장이나 쥐패
고 싶었다.
복권도 몇 장 꼬불치고, 새빠지게 일해 봐야 미꾸라지
용 못 되는 세월, 몸이라도 편해야지…… 내 몸
병들어봐! 찬물 한 모금 떠주는 이 없는 이 서울바닥에서
가마니 코트 걸치고 모르모트 신세 되기 전에 해골빡 굴
려야지,
두어 달 상돈 모이면 기어나와 양동의 삼빡한 깔치 끼고
뒹굴다가, 돈 떨어지면 외상술 육포 빈대 붙다가 낯짝 뜨
거워지면
다시 월급 많고 몸보신하기 좋은 일자리 찾아 기웃거리는
저 짱께집 주방장 녀석 정말 부러워! 그래

오늘 껀수 없으면 녹십자병원 벽돌작업하러 가지 뭐,
벽돌작업하다 쓰러지면 뚜룩치고, 잡히면 십오 척
벽돌담 속에 누워 가다밥 씹으며 피 만들지 뭐, 까짓거!
그러나 죽지 못해 내리꽂는 삽과 곡괭이질, 아무리 지겨워도
출소의 문 앞에서부터 호시탐탐 노리고 있는 저 사육의
올가미, 속에 매달린 생선 뼈다귀에 침 질질 흘리기 시작하는
허기의 혓바닥, 교수대의
밧줄인 줄 알면서도 어쩔 수 없이 다시 찾아드는 이 새벽 시장,
목을 매달아 두들겨패서 잡아야 더욱 맛이 난다는 개꼴로……

—「그늘의 그늘」 부분

위의 작품에는 허기를 달래기 위한 방법이 무수하게 제시돼 있다. 이를테면, 눈먼 돈벌이, 복권 사기, 매혈하기, 도둑질하기, 감옥에 들어가기, 감옥에서 주는 밥 먹으며 피 만들기 등 여러 가지가 그것이다. 그렇지만 이런 방법들은 허기를 달래주는 진정한 방법이 되지 못한다. 다만, 허기로 인한 일순간의 갈증을 해소시켜줄 뿐이다. 그러면 무엇이 허기를 멈추게 할 진정한 방법이란 말인가. 위의 인용시가 말해주는 일 절을 그대로 옮겨보자면 "교수대의 밧줄인 줄 알면서도 어쩔 수 없이 다시

찾아드는 이 새벽시장"의 지게꾼이 되는 것이라 한다. 왜 그럴까. 새벽시장은 "생선 뼈다귀에 침 질질 흘리기 시작하는 허기의 헛바닥"만을 비참하게 의식하도록 만드는데, 왜 그런 새벽시장에 나가는 지게꾼의 생활이 허기를 달래줄 진정한 방법의 하나가 되는 것일까. 그것은 어떤 것보다도 확실한 직업의 자격으로 그에게 속해 있기 때문일 것이다. 아니, 어쩌면 그것이 그의 삶 자체가 되었기 때문일지도 모른다. 지게꾼이 되어 새벽시장을 활보할 때, 그는 비로소 허기를 느끼면서 동시에 허기를 해소하는 이중의 감정을 맛보는 것이리라. 허기를 느끼기 때문에 그는 지게꾼의 새벽시장을 맞이할 것이고, 지게꾼의 새벽시장을 맞이하기 때문에 그는 허기를 해소한다는 말일 터이다. 이 두 가지 상반된 추동력이 김신용을 지탱시켜주는 것은 아닐는지.

3.

김신용에게는 몸보다 큰 입이 언제나 문젯거리였다. 그래서 그는 수많은 시간을 허기와의 싸움에 바쳤거니와, 지금도 그 싸움은 완전히 끝난 것이라고 하기 어렵다. 이와 더불어 김신용을 괴롭혀온 것은, 입보다는 작게 느껴졌을지언정, 휴식의 갈증을 요구해오는 몸이었다. 그에게는 그 어디에도 알몸을 눕힐 만한 지상의 방 한 칸이 안락하게 마련돼 있지 않았기 때문이다. 따라서 그의 시에는 안락한 보금자리와 동떨어진 거처들, 이를테면 가건물, 무허가 판자촌, 함바, 일셋집 골방, 감옥, 갱생원 등만이 몸을 누일 자리로 등장한다. 말하자면, 그의 작품 「오늘도 꿈은 허공을 집 짓고」에서 암시되듯이, 김신용이 지었던 집 혹은 그가 거주했던 집이란, 마치 허공의 그림자와 같은 것에 지나지 않는다.

김신용의 작품 「공중변소 속에서」는 그가 기거했던 집의 실상을 가장 인상적으로 보여주는 실례다. 그에게 있어서, 공중변소는 유일하게 고향과 같은 포근함을 전해주는 곳이 되어버렸기 때문이다. 그는 이 작품을 통하여

> 배고픔의 손에 휴지처럼 구겨져, 역 앞
> 그 작은 네모꼴 공간 속에 웅크려 있었지
> 사방벽으로 차단된 변소 속,
> 이 잿빛 풍경이 내 고향

이라고 말하면서, 변소 속에서의 그리운 기억을 더듬는다. 그가 이 초라하고 냄새나는 변소를 통하여 기억해낸 그리움이란, 마약중독자가 되어 악취를 풍기며 기어든 어느 소녀와의 순간적인 사랑에 기인한다. 이 작품의 일 절을 빌리자면, "내 몸에서 풍기던, 그녀의 몸에서 피어나던 악취는/그 밀폐의 공간 속에 고인 악취는 얼마나 포근했던지", 그 악취꽃 핀 곳이 내 돌아가

야 할 고향이라는 것이다.

이처럼 김신용의 집은 어디에도 없으면서 동시에 모든 곳에 존재한다. 알몸 하나를 누일 수 있는 곳이라면, 그곳이 대합실이어도 상관없고, 감옥이라도 상관없으며, 삼등열차의 화장실이라도 상관없다. 하룻밤 자고 나면 모래의 집처럼 사라지고 말지만, 그것들은 헐벗은 알몸에 순간적인 아늑함을 가져다주기 때문이다.

그렇지만 안락한 주거에 대한 그의 자의식은 결코 사라지지 않는다. 허기진 입만큼이나, 헐벗은 알몸은 돌아누울 자리를 지속적으로 갈구하기 때문이다. 이와 같은 사정은 작품 「철거 이후」와 「순환회로」를 보면 잘 나타나 있다. 김신용은 주민들 스스로 병소(病巢)라고 부르던 양동(陽洞)의 철거 이후를 「철거 이후」에서 비판적으로 지적하고 있으며, "아직 살아 꿈틀대는 각목, 판자쪽 주워모아/가건물을, 결코 포기할 수 없는 삶의 집을" 짓고 있는 자기 자신을 발견하고 있음을 「순환회로」에서 드러내고 있기 때문이다.

그러나 아무리 집을 찾아 헤매도, 그가 찾아낸 것은 언제나 가건물에 불과하고, 그는 그 가건물 속에 구겨진 휴지조각의 모양으로 초라하게 담겨 있을 수밖에 없다. 그래서 그는 아예 알몸인 자기 자신을 재료로 하여 조립식 집을 짓고 그 속에 누워버리기로 작정하기도 한다. 실로 누울 집이 없어서 내 몸이 집이 되어버리는 처지란 어떤 것일까. 작품 「풀밭에서」와 「황사바람」의 일부분을 인용해보기로 한다.

> 1) 스스로 허리 꺾어 의자가 된다
> 제 뼈를 엮어 흔들의자가 된다
> 흔들릴 때마다 그 신음, 삐걱이는 소리
> ―「풀밭에서」 부분

> 2) 내 살로 거푸집을 지을 뿐이네
> 내 뼈로 철근을 세울 뿐이네
> 핏빛 낙인으로 뚝뚝 떨어져내리는 우리들의 봄
> 콘크리트의 기억으로 황토에 수놓기 위해
> ―「황사바람」 부분

바로 이것이다. 그는 자기 자신이 의자가 되고, 집이 되는 방법을 터득한 것이다. 그렇지만 허리를 꺾어 의자를 만들고, 뼈를 엮어 흔들의자를 만들며, 살로 거푸집을 짓는다는 것은 얼마나 큰 통증을 가져오는 모험인가. 김신용은 가건물 속의 인간이, 자기의 몸으로 또 하나의 가건물을 짓는 실상과 마주한 것이다.

이처럼 자기의 알몸이 또 하나의 가건물이 되었을 때, 그는 잠시나마 누울 자리를 염려하지 않아도 될지 모른다. 그러나 자기 몸이 가건물이 되는 순간, 그는 철거되어야 할 무허가 건물 정도의 대접을 받으며 수난을 당하기 시작한다. 작품「콘크리트 가슴 밑으로 청계천은 흐르고」에는 적십자회담을 위해 북의 대표와 미국 대통령이 지나가는 날, 노점과 리어카와 지게꾼이 무허가 건물처럼 강제 철거되는 현장을 고발하고 있다.

내 굶어 죽고 나면, 가만두지 않겠다고
몸부림으로 버티려던 지게꾼의 지게는 박살나고
잠자리며 밥그릇인 리어카는 청소차에 실려 사라졌다.
—「콘크리트 가슴 밑으로 청계천은 흐르고」부분

위의 짧은 인용에서 나타나듯이, 지게꾼의 지게나 리어카꾼의 리어카는 그들의 몸이며 동시에 집이고 양식이다. 그러나 이들은 하나의 가건물에 지나지 않는 것, 그리하여 지게와 리어카는 청소차에 실려 말끔히 쓰레기장으로 사라져버리고 만다. 어느 때고 지을 수 있는 가건물이지만, 어느 때라도 쓰레기처럼 치워버릴 수 있는 것이 또한 가건물이기 때문이다.

이와 같이, 김신용은 자신의 인생이 가건물의 인생이었음을 끈질기게 확인하고 고통스러워한다. 그리고 그는 시멘트 바닥 같은 서울에서, 가건물을 헐고 지상의 방 한 칸을 안전하게 마련한다는 것이 얼마나 어려운 일인가, 도대체 그것이 과연 가능한기는 한 것인가를 수시로 질문한다.

이러한 김신용의 눈에, 서울은 콘크리트 바닥처럼 냉랭하고 공격적이다. 서울의 한복판으로 머리를 디밀려 파고들수록, 서울은 파고드는 머리에 붉은 상처만을 더해주기 때문이다. 그의 시에는 시멘트 혹은 콘크리트의 이미지가 즐비하게 등장하는데 이런 사실은 그가 건축현장에서 막노동을 했기 때문이기도 하겠고, 방금 언급한 것처럼 서울의 냉혹함을 절감한 데서 비롯된 것이기도 할 터이다. 그러면, 콘크리트 바닥의 얼굴을 하고 달려드는 서울에서, 그 바닥을 뚫고, 대지에 뿌리내려 부드러운 흙의 향기를 맡으며 지상에 한 칸의 방을 세운다는 것은 불가능한 것인가, 아니면 가능의 빛을 보이고 있는 것인가. 나는 여기서 그것이 가능할 수도 있지만, 시멘트의 밭을 일군 뒤에 빈 껍질로 해체될 인간의 비극도 직시하고 있는 김신용의 예리한 통찰력을 보게 된다.

먼저 가능할 수도 있다는 점을 논하기 위하여 김신용의 작품치고는 좀 이색적인 「나는 에델바이스를 본 적이 있다」를 인용하기로 한다.

    나는
    에델바이스를 본 적이 있다.
    겨울에도 피는 이 꽃,
    눈 덮인 깊은 산속, 꽁꽁 얼어붙은 땅을 열고 찬란히 숨결
    을 터뜨리는
    이 꽃,
    본 적이 있다. 지하도에서

콘크리트의 무게로 무겁게 짓눌러오는
　　내 울음
　　이 동토(凍土)에 삽을 꽂고 뜨겁게 땀을 흘릴 때.

　　한 번 손을 내밀 때마다 한 삽씩 퍼올려지던
　　어둠,
　　온몸의 질통에 담아 나르던 꿈의 뿌리,
　　그 삽질,
　　기어이 그대 가슴 덮인 콘크리트벽을 뚫고
　　흙의
　　따뜻한 살결을 만났을 때.

　　몸의
　　모든 뼈, 그물 엮어 피워 올리던 그 꽃,
　　빛과
　　모양은 잊었지만

　　나는 에델바이스를 본 적이 있다.
　　　　―「나는 에델바이스를 본 적이 있다」 전문

　위의 작품에서 에델바이스란 역경의 장벽을 뚫고 솟아오른 유토피아의 상징일 것이다. 그렇다면 위 작품의 화자는 언제 에델바이스를 보았다고 하였는가. 위 작품의 표현을 빌리자면, 콘크리트 무게로 짓눌러오는 울음을 삼키며 동토에 삽을 꽂고 뜨겁게 땀을 흘릴 때, 혹은 어둠을 삽질하여 콘크리트벽을 뚫고 그 속의 따뜻한 흙가슴을 만났을 때라는 것이다. 결국, 얼어붙은 콘크리트벽의 세상을 눈물과 땀으로 뚫고자 할 때, 에델바이스는 찬란하게 피어오르더라는 의미이다. 나는 지금도 김신용이 이런 사실을 믿고 있는지 모른다. 언젠가 단 한 번 있었던, 그것이 사실인지 환상인지 모를 에델바이스와의 만남을 지금도 그가 꿈꾸고 있는지 모른다는 말이다. 더군다나, 동토와 같은 콘크리트의 땅에 삽을 꽂고 뜨겁게 땀을 흘리기만 하면 에델바이스와의 만남이 이룩된다는 것을 그가 확신하고 있는지 의심스럽다. 그렇지만 김신용은 작품 「비가(悲歌)」를 통하여 콘크리트벽이 탄생의 집이 될 수도 있는 가능성을 또 한 차례 고백하고 있다. 그는

   네 폐허의 몸에 온몸 성기가 되어 파고들지 않는
   뿌리에겐
   너는 쇠의 심장을 가진 공장지대일 뿐, 이 무덤
   속의 자궁은 만나지 못하는구나

라고 말하거나

   무덤 속, 그 자궁을 베고 누운 태아일 때

> 서울이여
> 너의 불빛은 포근한 양수(羊水)가 되는구나
> 콘크리트의 가슴은 탄생의 집이 되는구나

라고 말한다. 비록 그것이 무덤 속의 자궁일지언정, 서울이라는 콘크리트의 가슴은, 그 폐허의 몸에 온몸 성기가 되어 파고드는 한, 탄생의 집과 같은 포근한 양수를 느끼게 한다는 것이다. 요컨대 서울이란 공장지대의 쇠심장만을 사람들에게 보여주는 것이 다반사이지만, 그 장벽을 온몸으로 파고드는 사람에게는 간혹 무덤 속의 자궁과 같은 사이비 자궁일지언정, 포근하게 누울 자리를 순간적으로나마 느끼게 한다는 것이다.

그렇다. 그의 작품에서, 콘크리트 장벽의 서울은 안락한 자궁을 진정으로 열어 보이지 않는다. 따라서 에델바이스와의 만남은 한순간의 꿈에 불과한 과거적 사실이거나 환상에 불과할지 모른다. 작품 「염낭거미 1」을 보면, 에델바이스와의 만남이 왜 불가능한 것인가를 쉽게 인식할 수 있다.

> 탈출구는 없다. 그녀는 시멘트의 밭을 일구기로 했다. 뼈를 뽑아 農具를 만들고, 살점을 떼어 씨를 뿌리기로 했다. 손을 내밀 때마다 수몰촌, 놉의 아낙의 그 억척스런 몸짓이 보였다. 지하도에서, 꿈, 이 天刑의 거미줄을 뽑아 밀폐의 집을 만들었다. 누에고치 같은.

…(중략)…

―제 어미의 살과 피로 차려진 이 푸짐한 식탁.
게걸스레 파먹으며 아이들이 조금씩 자라는 동안 그녀는 껍질만 남아갔다.

너희들은 대명천지에서 살어야 헌다! 이윽고 그 몰아의 빈 껍질의 시신 위에 가마니가 덮이던 날, 밀폐의 집을 허물고 아이들은 뿔뿔이 흩어져갔다. 바람의 길을 따라, 비행할 수 있는 끈, 악다구니를 가슴에 매달고, 제 살 곳을 향하여…… 거지여인의 새끼들

저 자신도 어미가 된 순간, 이렇게 빈 껍질로 해체될 줄을 모르고…….
―「염낭거미 1」 부분

위의 인용시가 보여주듯, 서울의 콘크리트 바닥에서 탈출해 나갈 곳은 더 이상 없다. 따라서 위 작품에 등장하는 어머니는 그 시멘트의 밭을 일구기로 작정을 한 것이다. 그러나 뼈를 깎아 농구를 만들고, 살점을 떼어 씨를 뿌리며 그녀가 일구어나간 시멘트밭이란, 결국 그녀를 죽음이라는 무기물로 해체시키는 역할밖에는 감당하지 못한 것으로 나타나 있다. 어디 그뿐인가. 그녀의 자식들은 대물림을 하며 시멘트밭을 갈고자 뿔뿔이 흩

어졌지만, 그들 역시 그들의 어머니처럼 빈 껍질로 해체될 것이 분명하다는 것이다. 여기서 우리는 김신용의 체념과 그로 인한 비극적 생의 인식을 접하게 된다. 특히나 작품 「용(龍)」과 「미꾸라지의 꿈」에 이르고 보면, 백년을 묵어도 미꾸라지는 용이 될 수 없는 현실을 비판하면서도 또한 수용하지 않을 수 없는 현실의 고통이 적나라하게 드러나 있다.

그렇다면 김신용은 등기부에 등록된 안락한 거주지를 포기한 것인가. 그리고 용이 될 수 있다는 꿈 역시 저버리고 만 것인가. 그렇다고 단정짓기에는 분명 무리가 따른다. 그럼에도 불구하고 "아니다"라고 대답하기에는 더욱이나 미진한 구석이 남는다. 그러면, 김신용은 이러한 현실 앞에 어떤 모습으로 대처해나갈 것인가.

4.

나는 이 글의 첫머리에서 김신용의 신분을 도시빈민으로 규정지으면서 노동자계급의 박노해나 백문산 등과 김신용을 구별한 바 있다. 이때, 이 시인을 다른 사람들과 구별짓는 준거로 적용한 것은, 자본가와 임노동의 관계로 맺어져 있느냐 그렇지 않느냐 하는 것이었다. 내가 특별히 이와 같은 사실을 강조한 까닭은, 박노해와 백무산의 시에는 뚜렷한 자본가 혹은 지배자에 대한 분노와 저항의 목소리가 강력하게 제기되어 있는 반면,

김신용의 시에 나타난 분노와 항거는 뚜렷한 대상을 앞에 두고 있지 않다는 점을 관심 깊게 이해하기 위해서였다. 말할 것도 없이, 이 사실 자체만을 두고, 시의 자질과 성과를 평가할 수는 없다. 왜냐하면 그런 사실 자체는 시적 수준을 결정짓는 것과 그대로 연결되는 점이 아니기 때문이다. 그러나 여기서 한 가지 지적할 수 있는 것은, 분노의 대상이 뚜렷하게 정해져, 시인의 의식을 사로잡을 때, 작품이 패턴화되는 경향을 띠기 쉽다는 사실이다. 이에 반해 김신용의 경우처럼 분노의 대상이 특별하게 정해져 있다기보다 그때그때마다 사용자가 바뀌고, 사용자 자신도 빈민으로부터 부유층에 이르기까지 각양각색일 경우, 시인의 의식은 보다 자유로워질 수 있고, 작품의 리얼리티도 보다 성공적으로 살아날 가능성을 크게 안고 있다. 그렇지만 김신용의 시에서도 단적으로 드러나듯이, 그의 신분 자체가 뚜렷한 분노와 항거의 대상을 소유하고 있지 않기 때문에 사회의 모순을 어떻게 돌파해갈지, 그 방법을 확실하게 찾아내지 못하는 한계를 그는 또한 가질 수밖에 없다. 도시빈민계급 역시 노동자 못지않게 사회의 모순을 부정하려는 운동성을 신분 자체에 내포하고 있다. 그럼에도 불구하고 이들이 지닌 한계점은 바로 앞서 언급한 바처럼 분노와 항거의 뚜렷한 대상을 상실하고 있다는 점이다. 김신용의 경우도 이와 마찬가지일 것이다.

　김신용의 시집 『개같은 날들의 기록』의 맨 앞에 수록된 작품 「냉동공장」과 「그들은 더 이상 여기 살지 않는다」 연작 3편, 그리고 「부록, 로트레아몽에 의한 변주」는 김신용이 자기 자신의 현실에 대한 사회학적 고찰을 하면서 동시에 자기 자신과 유사한 처지의 사람들에 대해서까지도 관심을 확산시키고 있다는 점에서 주목을 요할 만하다. 뿐만 아니라 이 작품들은 그가 앞으로 택하게 될 시의 방향까지도 시사해준다는 점에서 더욱 관심을 끌어들인다.

먼저 작품 「냉동공장」과 「부록, 로트레아몽에 의한 변주」의 일부분을 인용해보기로 한다.

> 1) 살아 있는 것은 얼음이 되어야 살아남는다
>   얼지 않으려고 살아 펄떡펄떡 뛰는 것은 죽는다
>   핏줄도 심장도 오장육부까지도 얼음이 되어야 살아남는
>   여기는 불 속의 얼음 나라
>   질긴 근육과 끓는 뼈는 잠재우고
>   동태가 되어, 동태눈깔로 숨을 쉬며
>   미라가 되어야 살아남는다.
>   —「냉동공장」 부분

> 2) 일생토록 어린 여공은 어린 여공으로 살아 있어야 한다. 결코 어른이 되어서는 안 된다. 세상을 향한 눈이 열리게 해서는 안 된다. 조출과 철야의 씨줄날줄 튼튼히 새장 엮어, 모래를 씹게 하면서 땀의 노래를 부르게 해야 한다. 그 부드러운 머릿결을 짚북데기가 되도록 쓰다듬어주면서, 세상에서

가장 그윽한 미소를 이마 위에 얹어주는 것, 아! 얼마나 황홀
한 순간인가. 그 몰아의 순간에 손톱을 박아넣어야 한다.
　　　　　　　　　　　―「부록, 로트레아몽에 의한 변주」 부분

　위 두 작품에서 공통적으로 나타나는 것은 하층 고용자들을
우민화시키는 자본가 혹은 지배계급에 대한 비판과 고발이다.
살아서 제 목소리와 빛깔을 나부끼게 되면 그 순간 죽음의 바다
로 빠져버리게 된다는 비극적 현실과 하층민중들이 고통스럽
고 가난할 수밖에 없는가에 대한 사회학적 성찰을 보여주는 것
이라 할 수 있다. 이런 점에서 위의 두 작품은 몸으로 사는 김신
용의 모습이 아니라, 이지와 머리로 글을 써보고, 자신의 현실
을 성찰해보고자 하는 그의 실상이 드러난 작품이다. 따라서 위
두 작품은 일면, 소중한 측면을 내재시키고 있는 편이지만, 다
른 한편 우리에게 염려스러운 일면을 안겨주는 작품이기도 하
다. 그 까닭은, 위의 사회학적 혹은 이론적 성찰이 옳으냐, 그렇
지 않느냐를 떠나서 그가 그런 의도를 가지고 조급하게 작품을
쓰려고 하는 순간, 작품으로서의 감동은 상당 부분 상실되고 말
기 때문이다. 사실상, 위 두 작품과 같은 내용은 이미 그간의 노
동시 혹은 민중시에서 수없이 접해온 것이므로, 신선한 충격을
던져주기 어렵다. 위의 두 작품과 같은 것은 김신용이 아니더라
도 다른 시인들 역시 쓸 수 있는 것이고, 또 지금까지 써왔던 것
이다. 이렇게 볼 때, 김신용의 장기는 아무래도 위의 두 작품과

같은 유의 작품을 제외한 다른 작품들에서 나타난다고 하지 않을 수 없다. 본래 체험으로서의 구체적 삶과, 그에 대한 이론적 성찰이 작품에서 조화롭게 만나기란 어려운 일이다. 더군다나 이론적 성찰이 구체적 삶을 압도하였을 때 작품으로서의 성공이란 기대하기 어렵다. 나는 김신용의 작품 몇 편에서 바로 이와 같은 염려의 감정을 느끼게 된다. 더욱이나, 그가 자기 자신의 체험을 작품화하는 데서 그치지 않고 자신과 유사한 타인의 삶까지 작품화하려고 한 몇 작품을 볼 때, 이런 염려의 마음은 가중된다. 「그들은 더 이상 여기 살지 않는다」의 연작 3편이 이와 같은 염려를 가중시킨 대표적 실례라 할 수 있다.

추측이기는 하나, 김신용은 지금 얼마간의 고민에 처해 있는 것이 아닌가 한다. 시집 『버려진 사람들』과 이번의 시집 『개같은 날들의 기록』에서, 그는 자신이 그동안 몸으로 체험해온 삶의 내용을 거의 다 작품으로 보여주었기 때문에, 새로운 내용의 작품을 창작해야 한다는 압박감이 필연적으로 다가올 수밖에 없을 터이니까 말이다. 그리고 이와 더불어, 자신의 삶과 자신이 속하는 계급의 고통을 좀 더 과학적인 시각 아래서 표현하고 싶은 욕구를 숨길 수 없는 것이, 지적 고뇌를 추구하는 사람들의 보편적인 반응이기 때문이다. 그러나 이런 지적은 그의 몇 작품을 통한 추측에 지나지 않으므로 좀 더 시일을 두고 그의 작품을 기다려본 후 더 상세하게 논의할 수밖에 없을 터이다.

지금까지의 논의에서 드러났듯이, 김신용은 우리 사회의 한

켠에 존재하는 허기의 문화 혹은 가난의 문화를 그 누구보다도 리얼하게 포착하여 드러낸 시인이다. 시인 자신의 생활과 시가 이원 구조로 구분된 것이 아니라, 그 두 가지가 하나로 결합되어 진정한 의미에서의 기층민중 혹은 도시빈민의 세계를 열어 보여주었다는 점에서, 그의 시는 우리 시사상 가히 독보적이라 해도 과언이 아니다. 작품의 내용뿐만 아니라, 문제를 바라보는 시각, 언어를 가다듬고 구축하는 형상화의 능력, 자신의 맨얼굴을 직시하려는 솔직함 등, 여러 가지 측면에서 김신용의 시는 훌륭한 특성을 구비하고 있다. 생활인으로서의 김신용에게는 아직도 무수한 어둠의 장벽이 가로놓여 있을지 모른다. 그러나 적어도 시인으로서의 김신용은 우리 시사의 미개척지를 그 나름의 자리에서 아름답게 개척해놓은 것으로 평가되는 행복을 누릴 자격이 있다.

이 도서의 국립중앙도서관 출판시도서목록(CIP)은 서지정보유통지원시스템 홈페이지
(http://seoji.nl.go.kr)와 국가자료공동목록시스템(http://www.nl.go.kr/kolisnet)에서
이용하실 수 있습니다.(CIP제어번호: CIP2015014774)

시인동네 시인선 031

개같은 날들의 기록

ⓒ 김신용

초판 1쇄	1990년 9월 10일~7쇄 발행
개정판1쇄 발행	2015년 6월 12일
지은이	김신용
펴낸이	고영
책임편집	이현호
디자인	헤이존
펴낸곳	문학의전당
출판등록	제311-2012-000043호
주소	서울시 은평구 연서로11길 7-5 401호
편집실	서울시 마포구 마포대로 127, 413호(공덕동, 풍림VIP빌딩)
전화	02-852-1977
팩스	02-852-1978
블로그	http://blog.naver.com/mhjd2003
전자우편	sbpoem@naver.com

ISBN 979-11-86091-35-7 03810

* 이 책의 판권은 지은이와 문학의전당에 있습니다.
* 양측의 서면 동의 없는 무단 전재 및 복제를 금합니다.
* 잘못 만들어진 책은 바꿔드립니다.